# LA VALLÉE

## DE

# MITTERSBACH.

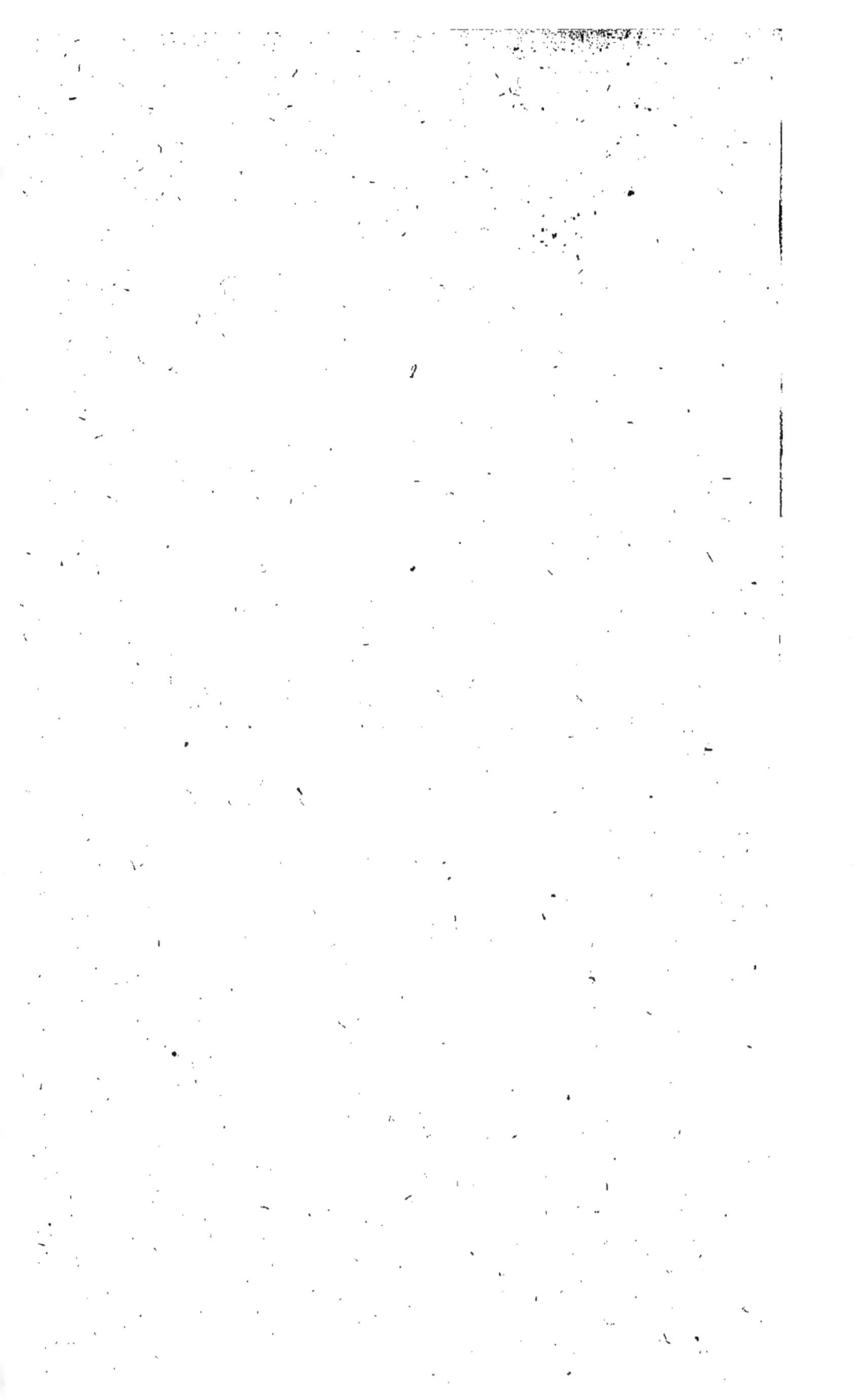

# LA VALLÉE

DE

# MITTERSBACH,

– OU

## LE CHATEAU

# DE BLANKENSTEIN,

Par M. de FAVEROLLES.

## TOME III.

A PARIS,

Chez LEROUGE, Libraire, cour du Commerce
Saint-André-des-Arts.

IMPRIMERIE DE CHAIGNIEAU AINÉ.
1816.

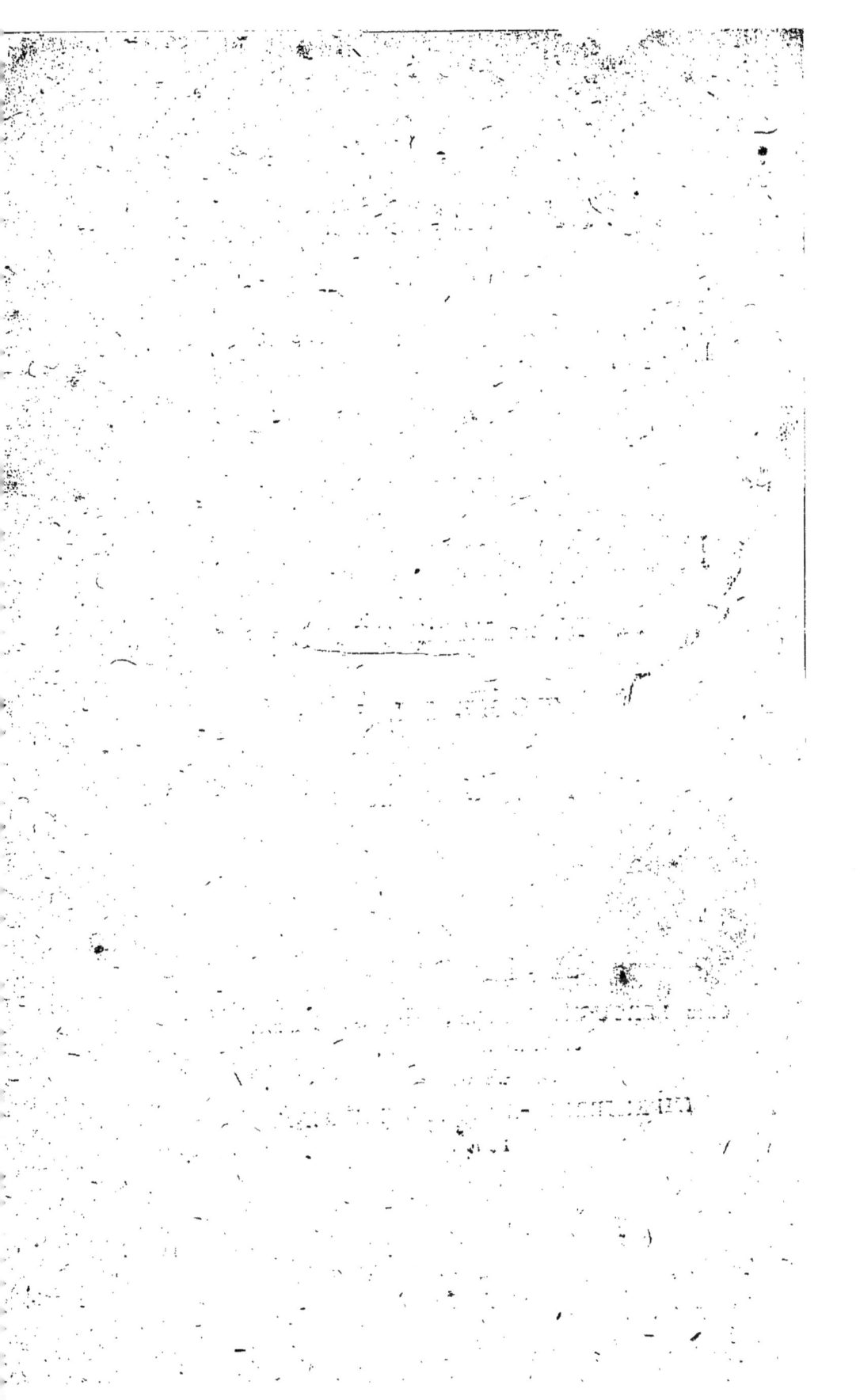

# LA VALLÉE

## DE

# MITTERSBACH.

LE baron de Buosen, toujours livré à ses tristes réfléxions, ne voulut point s'arrêter dans aucune ville ; il fit ouvrir ses cantines dans une vaste forêt où il mangea et laissa reposer ses chevaux, et, tandis que ses gens, après leur repas, se livraient au sommeil, Buosen veillait et pensait à son amie. Il se figurait qu'elle était malheureuse par le sentiment qui eût dû faire leur félicité. Cependant il n'avait point de reproches à se faire. Il n'avait point cherché à la séduire, ni même

III.                                        1

à allumer en elle un amour qu'ils savaient bien ne pouvoir légitimer ; il l'eût regardé comme un crime. L'innocence d'Iseult a tout fait ; elle n'a pas imaginé qu'il y avait du mal à dire à l'ami de son enfance, qu'elle l'aimait..... Oh ! si jamais une jeune fille lit ce livre, ce que je désire qui ne soit pas, non qu'elle y puiserait de mauvais principes, mais parce que toute fiction est dangereuse dans la jeunesse , même Télémaque, enfin , si, le trouvant sur la toilette de sa mère, elle s'en emparait et le lut en cachette, je veux lui dire qu'il n'est point de plus mauvaises excuses dans tout ce qui tient à l'amour que de dire : *Elle ne savait pas ; elle ne croyait pas ; elle n'imaginait pas ;* et

moi , je vous dis : examinez la
conduite de toute jeune fille, qui
aime pour la première fois, il n'est
pas une seule de ses démarches,
contraires à la prudence ou contre
la sévère morale, qu'elle ne cache
avec le plus grand soin. D'où vient
cette crainte que l'on sache ses démarches, si ce n'est de la honte
qu'inspire une mauvaise action?
Donc elle sait qu'elle fait mal, et,
si elle le voulait, elle ne le ferait
pas. Ah ! la nature a tellement
gravé dans le cœur des femmes la
pudeur, pour servir de garde à leur
vertu, qu'elle est toujours là pour
les avertir dès que la passion cherche à donner atteinte à cette dernière. Ainsi Iseult *savait très-bien*
qu'elle ne pouvait consentir à se

1*

rendre à la tour de l'esplanade, car
elle se sentait rougir en y allant.
*Elle croyait bien* que c'était mal,
puisqu'elle s'y rendait masquée ;
*elle imaginait bien* que ses parens
le trouverait mauvais, puisqu'elle
prenait tant de précautions pour que
sa mère crût qu'elle n'avait pas
quitté ses côtés. Non, Iseult, et
toute jeune personne dans sa position, n'est point excusable, parce
que, dès qu'on cache ses actions, on
les trouve mauvaises ; et dès qu'on
a la certitude que l'on s'écarte du
droit chemin, et que, malgré cela,
on suit une route dangereuse, on
mérite d'y périr ; et cela n'arrive que
trop, parce qu'il n'y a guères que
dans les romans que l'on trouve un
Buosen de vingt ans qui préfère

l'honneur et la réputation de sa maîtresse à son propre bonheur.

On me pardonnera cette digres-
sion, que l'on passera peut-être,
mais j'aurai toujours fait mon devoir en l'écrivant. Revenons à la
vallée ; laissons notre héros suivre sa
route jusqu'à Presbourg, et voyons
ce qui se passe au château.

On pense bien que jamais nuit
ne fut aussi douloureuse que celle
que passa la pauvre Iseult. Sa mère
lui avait dit : « Point de scènes,
Mademoiselle, point d'évanouissement ! » Y a-t-il rien de plus insul-
tant ? Comme ce mot détruit tout-
à-coup ce temple que les jeunes filles
élèvent dans leur cœur à la sensibi-
lité qu'elles croient devoir témoigner par tous les moyens qui sont

en leur pouvoir ! Il y a sur cela des règles établies dont on ne s'écarte qu'avec peine. Iseult, surprise dans une tour inhabitée, son amant à ses pieds, par sa mère et par une parente qu'elle revère presqu'autant, n'est-ce donc pas là un évènement qui doit être marqué par un évanouissement ? Mais elle avait eu trop peur pour s'évanouir; d'ailleurs, il n'y a là qu'une froide pierre pour la recevoir; elle ne tombera pas dans les bras d'une mère irritée, qui peut-être la repousserait, d'un amant qui n'osera pas la soutenir, de jeunes filles qui sont trop timides pour paraître prendre ouvertement son parti, ce qui peut-être leur ferait perdre leurs places : ainsi le moment ne valait rien pour s'évanouir. Mais de retour dans la salle du bal, en pensant que l'ami de son cœur va partir, peut-être pour ne plus le revoir, qu'elle avait encouru la colère de sa mère, que Mendorf était un scélérat qui l'avait trompée, que de sujets de s'évanouir! Mais la baronne a pris la précaution de dire à sa fille : « Surtout point de scènes, point d'évanouissement! » Jamais anti-spasmodique n'a eu un plus grand succès. Iseult, droite sur sa banquette, ne laisse pas échapper une larme, dans la crainte qu'elle ne soit aperçue au travers de son masque; elle fait plus, elle accepte de figurer dans un quadrille, où elle déploie, malgré sa douleur, une grâce extrême, que sa profonde mélancolie rendait plus touchante. Sa mère lui sut gré de son

courage, et se promit de ne point
oppresser son jeune cœur sous le
chagrin des longues remontrances.
Il est parti, disait-elle, c'est assez
de douleur; car elle se ressouvenait
de toutes celles qu'elle avait ressenties
quand Francisque se sépara d'elle.
Les souvenirs dans une âme tendre
rendent indulgens; d'ailleurs, Iseult
est si jeune; il sera facile, en n'ap-
puyant point sur ses torts, qu'elle
les oublie, qu'elle oublie aussi celui
qui en était cause.

La pauvre petite fut donc bien
agréablement surprise quand sa
mère, lorsqu'elle entra dans sa
chambre, lui parla d'un ton doux et
caressant comme elle avait coutume.
Iseult ne savait comment lui expri-
mer sa reconnaissance. Aussi n'osa-

t-elle point se plaindre lorsqu'elle
apprit que Nérine et Georgette étaient
retournées chez leur mère, avec défense de remettre le pied au château. Heureusement Georgette lui
avait donné la boucle de cheveux du
baron de Buosen avant de recevoir
l'ordre de quitter le château. M^{me} de
Zizermann eût bien voulu en signi-
fier autant à Mendorf, car elle n'a-
vait plus aucun doute que c'était
lui qui avait conduit cette intrigue;
mais inutilement elle eût tenté de
lui ôter l'affection du comte : il tenait
trop fortement à lui. Elle se réserva
seulement , de concert avec madame d'Hercourt, de rompre toute
espèce d'intimité entre Iseult et
Mendorf, et elle y parvint facilement.

Tout était assez calme dans la
vallée de Mittersbach, quand un
gentilhomme du comte de Blankenstein apporta au comte Rémond une
lettre, conçue en ces termes :

*Le très-haut, très-puissant, très-*
*excellent comte de Blankenstein,*
*gouverneur des villes et provinces*
*de Carniole, premier chambellan*
*de S. M. l'empereur d'Alle-*
*magne, roi de Bohéme, archi-*
*duc d'Autriche, marquis de ★★★,*
*chevalier de l'ordre de l'aigle, de*
*la toison d'or,*

A SON EXCELLENCE M. LE COMTE
RÉMOND DE ZIZERMANN.

*Ce n'est point en assassinant ceux*
*que l'on insulte, que l'on termine une*

querelle, où il va du point d'honneur. Ainsi je regarde que la nôtre est toujours en même état, et j'attends M. Rémond de Zizermann dans la forêt de Kinter, au carrefour dit des Biches. J'y serai dès que l'aurore fera distinguer les objets ; et si, ce que je ne présume pas, Rémond, comte de Zizermann, ne s'y trouvait pas, je le tiendrais pour le plus lâche des hommes.

*Signé* ERNEST, *comte de Blankenstein.*

Rémond fit répondre verbalement qu'il s'y trouverait, et il n'en parla pas à la comtesse, parce que, disait-il, il n'aimait pas les pleurs que les femmes ne manquent jamais de verser en pareille occasion ; mais il en instruisit son père. Le comte lui dit qu'il s'y était toujours attendu ; qu'on n'insultait point impunément des gens d'honneur, qu'il désirait que cette aventure lui servît de leçon, et qu'il ne doutait point qu'il s'en tirerait d'une manière digne du sang qui coulait dans ses veines. — Je me jetterai sur lui comme un lion, puissé-je lui arracher le cœur, lui en battre les joues, m'abreuver de son sang. — Eh ! mon fils, d'où vient donc cette fureur barbare? N'est-ce donc pas vous qui l'avez provoqué par un démenti, le plus sanglant outrage qu'un homme d'honneur puisse endurer? N'est-ce pas vous qui vous êtes jeté sur lui avant qu'il fût en défense? qui l'avez blessé? — Je l'ai fait parce que je l'ai dû, je le referais encore, et j'é-

prouve la joie la plus vive de l'audace qui le porte à m'attaquer de
nouveau. — Mon fils, voilà une affaire bien malheureuse, car je vois,
aux dispositions que vous y appor-
tez, que, loin de chercher à vous
concilier l'amitié, l'estime de votre
adversaire, comme il arrive entre
de braves gens qui se battent, ne
s'en estiment pas moins, et quelquefois, après le combat, s'en estiment davantage. Mais vous, mon
fils, vous paraîtrez là comme une
bête féroce. Quels sont ces propos
qui ne respirent que la destruction
de votre ennemi? Oh! les farouches
Caraïbes, dans le Nouveau-Monde,
sont moins avides de sang que vous
ne paraissez l'être. — Je sais bien
que vous me blâmez sans cesse,

que, selon vous, je ne puis rien
faire de bien; ne faudrait-il pas que
j'aimasse celui qui m'appelle au
combat? Je ne suis pas doux et sensible comme votre cher Frédéric;
chacun a son humeur; et il quitta
son père, qui leva les yeux au Ciel
et dit : Mon Dieu, vous savez tout
ce qu'il m'a fait souffrir, c'est ainsi
que vous me punissez, et il chercha
Mendorf pour lui conter ses peines,
car il n'osait en parler ni a sa femme
ni à Pétronille.

Rémond, malgré ce qu'avait écrit
Ernest, fut le premier au rendez-
vous; mais le comte de Blankenstein ne tarda pas à y arriver. — Vous
venez bien tard, lui cria-t-il, du plus
loin qu'il l'aperçut, je m'ennuie de
vous attendre. Vous n'attendrez pas

long-temps encore, répartit Ernest
en sautant à bas de son cheval, et se
mettant aussitôt en défense.

Rémond se disposa à l'attaquer;
mais, emporté par la colère, il ne
garda aucune mesure; il s'aban-
donna entièrement au désir de se
venger. La colère trouble sa raison,
elle ébranle ses nerfs et lui ôte toute
précision. Dès le commencement du
combat, Ernest s'en aperçut, et,
ne voulant se tenir que sur la dé-
fensive, au moment où il ne s'occupait qu'à parer les coups de son
adversaire, Rémond se précipita sur
le fer, mais avec une telle fureur,
qu'il entra de plusieurs pouces dans
sa poitrine et s'y cassa. Ernest se
hâta de secourir Rémond. Il fut
aussitôt placé dans une litière et

ramené au château de Mittersbach.
Le chirurgien du comte ne dissi-
mula pas qu'il croyait bien qu'aussitôt qu'on retirerait le fer , il per-
drait la vie. On ne put cacher à la
comtesse ce douloureux évènement.
Elle courut dans la chambre de celui
qu'on croyait encore son fils. Elle
lui témoigna la plus touchante sen-
sibilité. Mais rien ne pouvait émou-
voir cette âme de bronze. — Que
venez-vous faire ici, Madame? on dit
que dans deux heures je ne serai plus,
vous en serez fort aise, vous serez dé-
barrassée de moi, que vous haïssez
tous. — O Ciel, Rémond, pouvez-
vous tenir un semblable discours;
moi, vous haïr ! une mère haïr son
fils unique ! Quand vous ai-je montré
ce sentiment, mon fils ? — Laissez-

moi, Madame, l'horreur de ma situation ne peut être changée par vos
larmes, qui m'ôteraient la force
dont j'ai besoin pour faire ce passage en homme : surtout ne m'en-
voyez-pas votre chapelain, je veux
mourir tranquille. — Dieu nous pré-
serve, mon cher fils, de croire à un
pareil malheur, mais, dans l'incertitude, que risquez-vous de vous ré-
concilier avec Dieu ? — Laissez-
moi, vous dis-je, Madame, j'ai
besoin d'être seul ; adieu, Madame,
quand je ne serai plus, s'il vous reste
quellequ'ombre de pitié pour mes
cendres, ne mariez-pas Frédéric à
à Iseult, cette pensée seule ouvre
pour moi le gouffre du tartare. La
comtesse, ainsi que son époux, le-
vèrent les yeux au Ciel, et sem-

blaient lui demander, par ce regard,
qu'il eût pitié de cet infortuné qui
commençait, dès cette vie, à se livrer
aux tourmens de l'enfer, par sa
cruelle jalousie. La comtesse, persuadée qu'elle ne pouvait lui être
utile, se retira dans la pièce voisine,
pendant que le chirurgien pansa sa
plaie.

Il souffrit avec un extrême courage l'extraction du fer; et, malgré
l'hémorragie qui la suivit, on sonda
la plaie, elle n'était pas mortelle;
mais il y avait tout à craindre, non
de la blessure, mais des suites. Il
aurait fallu beaucoup de calme, une
diète sévère; Rémond était bouil-
lant, emporté, et demandait, au lieu
des boissons salutaires appropriées
à son état, du vin, des liqueurs; il

menace, il jure, il irait presque jusqu'à insulter ceux qui le servent s'il
en avait la force. Il jeta un bouillon
à travers le visage d'une femme qui le
soignait dans sa maladie; et comme
sa mère lui en faisait des reproches,
il devint furieux, et on eut toutes
les peines du monde à l'empêcher
d'arracher l'appareil qui était sur ses
plaies. — Je veux mourir, je veux
mourir, s'écriait-il, je veux me délivrer une bonne foi pour toutes de
ces ennuyeuses remontrances; et
comme il s'était mis dans la plus
violente colère, ses forces s'épui-
sèrent tout-à-coup, et on le crut
mort.

Pétronille, qui se trouvait dans
la chambre du malade à cet instant,
pensa se trahir; elle jeta les hauts

cris, dit qu'on avait tué ce jeune homme, qu'on n'avait jamais été faire des reproches à un malade au lit de la mort; et, le voyant pâle et inanimé, elle dit à la comtesse, en se tordant les bras : Voilà l'effet de vos beaux sermons ! et se précipitant sur son corps : O mon pauvre Rémond, je ne te verrai plus ! Sa main est froide, et elle ne répond plus à la mienne. O mon fils, mon ami, sais-tu ?..... Mais que vais-je dire ! et elle sanglottait. M. de Mendorf, qui craignait que cette douleur qu'elle ressentait ne fût un indice trop certain du genre d'intérêt qu'elle prenait à Rémond, s'approcha de madame Damster, et lui dit à l'oreille : Ne faites donc pas tant la mère, cela ne lui rendra pas la vie, et peut vous

nuire. Elle revint à elle, et fut frappée d'effroi, car elle vit qu'elle seule
pleurait Rémond.

Le comte ressentait une joie se-
crète d'être débarrassé d'un fils aussi
bizarre ; M. et M^me d'Hercourt, d'un
gendre qu'ils redoutaient au dernier
point. M^me de Zizermann était celle
de tout ce qui habitait le château
qui donnât quelques marques d'affections à Rémond, encore c'était
bien moins par attachement pour
lui que parce qu'elle avait l'habitude
de ployer son âme à tous ses devoirs ; et comme c'en était un d'aimer ses enfans, aimables ou non,
elle s'était persuadée qu'elle aimait
celui qu'on lui avait dit être son fils.

L'état d'insensibilité du blessé
dura plusieurs heures, et on s'oc-

cupait déjà de faire avertir les parens et les alliés du comte de la mort du présomptif héritier des maisons de Zizermann et d'Elkensfeld; mais un chirurgien des environs , qui avait été appelé, essaya de lui faire une saignée à la gorge, présumant que la colère à laquelle il s'était abandonné avait fait porter le sang à la tête , et qu'en ouvrant la veine, s'il existait encore, il serait sauvé. Effectivement, à peine l'eut-il piqué que la connaissance lui revint à l'instant où le sang jaillit. Mendorf, qui avait contraint Pétronille de se retirer, se hâta de lui faire part de cette résurrection. Elle en éprouva une si grande joie, qu'elle en perdit le sentiment. Mendorf n'appela point ses femmes, dans la crainte qu'elle ne dît, en revenant à la vie, quelques-uns de ces mots qu'il est toujours facile d'interpréter. Les impressions de la joie ne font qu'un mal très-momentané. Pétronille revint bientôt en parfaite santé; et, après avoir promis à son ami, ou plutôt à son complice, car le nom d'ami ne convient pas au méchant, de modérer sa vive satisfaction; elle se rendit avec lui chez Rémond, où elle trouva le malade sans fièvre, et assez décidé à se laisser conduire par celui qui lui avait rendu le jour. Sa convalescence, malgré cela, fut très-longue, et plus de six mois se passèrent avant qu'il fût entièrement rétabli. Le comte pensait donc que la contrainte dans laquelle il avait été forcé par la nature

et par les médecins à passer ce temps,
aurait assoupli son caractère. M<sup>me</sup> de
Zizermann, qui le voyait toujours
aussi dur, aussi violent avec ses
gens, ne s'en flattait pas; mais au
moins ce temps laissa quelque repos
à la pauvre Iseult. Elle ne le vit que
deux ou trois fois pendant ces six
mois, et elle put se livrer sans contrainte à ses regrets, à ses inquiétudes pour le baron de Buosen. Elle
n'en recevait aucun témoignage d'a-
mour. Fidèle à la parole qu'il avait
donnée à la comtesse, il ne l'enfrei-
gnit jamais; mais elle savait par les
lettres que l'on recevait de lui, qu'il
avait les plus grands succès dans la
carrière des armes, et que si la guerre
continuait il n'y avait aucun doute
qu'il commanderait un corps, et alors

elle se disait : Il est baron du Saint-Empire ; s'il devient général, qui empêcherait donc qu'il ne fût mon époux ? Et elle oubliait et l'orgueil de son père, et la faiblesse de sa cousine pour son fils, et l'amour de ce fils pour elle, et se laissait aller aux rêves de son imagination. Cependant elle ne pouvait confier à personne les sentimens de son âme, car les filles de son ancienne gouvernante n'étaient plus auprès d'elle, et avaient été remplacées par une douairière, aussi prude, aussi triste, aussi ennemie de l'amour et des plaisirs, que Georgette et Nérine étaient gaies, douces et soumises à ses volontés.

Quant à Mendorf, on croit que M<sup>me</sup> de Zizermann eut avec lui une conversation particulière., où elle lui reprocha sa conduite dans l'affaire de la tour de l'esplanade, et lui avait signifié que, s'il lui arrivait jamais de faire une pareille faute, elle s'en plaindrait à son mari. Mendorf qui savait à quel point il était coupable envers Isidore, n'osa lui résister, et lui promit d'être plus circonspect à l'avenir, rejetant tout ce que sa conduite pouvait avoir d'irrégulier sur l'amitié extrême qu'il ressentait pour Frédéric. La comtesse feignit de le croire, mais la forte persuasion où elle était que le masque qui l'avait avertie que sa fille s'était rendue à la tour, n'était autre que Mendorf, lui donna une idée si odieuse du caractère de cet homme, que de-

puis ce moment elle eut pour lui
autant de mépris que le comte lui
marquait d'estime et de confiance,
et ce fut encore un sujet de désu-
nion entre les époux; car Ulric,
qui ne savait rien de cette intrigue,
se persuadait que le ton froid et
quelquefois dédaigneux, que la
comtesse avait avec celui qu'il ho-
norait du titre d'ami, ne venait que
de l'antipathie qu'elle avait en général pour tout ce qui lui était cher.
Il le lui fit entendre, mais elle n'en
garda pas moins le silence pour ne
pas compromettre Iseult.

Celle-ci se flattait que, lorsque
l'armée prendrait ses quartiers
d'hiver, l'ami de son cœur reviendrait dans la vallée de Mittersbach;
mais inutilement ce malheureux

jeune homme demanda cette faveur; elle lui fut refusée, et il n'ob-
tint que la grâce de venir à Presbourg passer la saison de repos
qu'alors on donnait aux troupes.

Ernest, comme il l'avait promis
à Frédéric, le joignit sous les murs
de Belgrade et lui raconta son combat avec Rémond. Il est, dit-on,
fort mal; il serait possible qu'il n'en
revînt pas; et un rayon de joie se
glissa dans l'âme du baron qui se
le reprocha. Est-il possible, se disait-il, que les passions me rendent
dur et cruel? ne puis-je donc être
heureux sans qu'il en coûte la vie
au fils de mon bienfaiteur, ou plutôt, ne dois-je pas me dire que sa
mort ne changerait rien à mon sort?
En serais-je davantage d'une fa-

mille chapitrale. On ne compose point avec l'orgueil, c'est un roc contre lequel viennent se briser toutes les douces espérances du cœur. Si j'étais capable de désirer la mort de mon rival, ne devrais-je pas me dire que, quand même il n'existerait sur la terre aucun homme sensible aux charmes d'Iseult, elle n'en serait pas plus à moi ; le comte n'oubliera jamais que le père de ma mère a été écuyer du sien. Puis, il faisait de tristes réflexions sur la conduite de Pétronille, et il se demandait à lui-même, s'il ne sentait pas une sorte de peine à donner pour mère une femme du caractère de Damster à la touchante Iseult, et ainsi il n'avait que des pensées douloureuses, et dont il ne

lui était permis de faire part à personne, pas même au comte de Blankenstein. Ah ! c'est le dernier degré
de l'infortune que d'être forcé d'en
porter seul le poids. Mais aussi,
l'âme qui s'exerce à cette pénible
lutte en devient plus ferme, plus
courageuse; c'est le fer que l'Arabe
trempe par le choc impétueux des
élémens. Aussi, le baron qui avait
à peine passé son quatrième lustre,
avait déjà tout l'aplomb d'un homme
de trente ans. Son courage se ressentait de la teinte de son caractère;
il était accompagné d'un sang-froid,
d'une prudence qui le faisait réussir
aux entreprises les plus difficiles.
Blankenstein, au contraire, était
d'une ardeur et d'une étourderie
sans égale, et on l'eût plutôt pris

pour un Français que pour un Allemand. Quelques personnes pensaient que l'air de la cour de France, où le père d'Ernest avait été ambassadeur , avait pu influer sur l'existence du jeune comte.

Frédéric était quelquefois surpris de sa gaieté ; il riait de tout, se moquait de tout, même de ses chefs, auxquels il obéissait le moins qu'il pouvait. Cette indiscipline eût pu lui être très-désavantageuse , si Ulric n'eût été constamment occupé à en prévenir les effets. Le temps qu'ils passèrent à Presbourg, resserra encore les liens de leur amitié , et, lorsque la campagne s'ouvrit, on eût dit deux frères qui n'avaient qu'un même intérêt et un seul sentiment. La différence de leurs caractères

servait à les rendre plus chers l'un
à l'autre. L'aimable vivacité d'Ernest écartait de l'humeur de Frédéric ce qu'elle eût pu avoir de trop
sévère, et la prudence de Frédéric
empêchait son ami de faire des
étourderies dangereuses à son repos
ou à son avancement. Cependant il
n'en était pas toujours le maître, et
il se voyait souvent réduit à réparer,
autant qu'il était en son pouvoir,
les escapades du jeune comte.

Un jour que les deux amis avaient
été chargés par le général qui commandait la division où ils servaient,
d'aller s'assurer d'un fort qui incommodait l'armée et empêchait sa
jonction avec un corps de Hongrois
qui étaient à peu de distance, ils
prirent avec eux huit cents hommes

et partirent avant le jour. Leur marche fut si prompte, ils l'a cachèrent tellement à l'ennemi, étant venus à travers bois, qu'ils étaient sous le canon de la place, qu'on ne se doutait pas qu'elle pût être attaquée. Ils en firent sauter la porte avec de la poudre, et, ne donnant pas le temps à la garde de se remettre de sa première surprise, Buosen et son frère d'armes entrèrent l'épée à la main dans la place, suivis de très-peu de monde ; car l'explosion avait bien ouvert un passage dans la ville, mais il était encore encombré des démolitions, et les soldats ne les franchissaient qu'avec peine. Rien n'arrête le courage de nos jeunes héros ; soutenus de quelques braves, ils avancent, culbutent tout

ce qui s'oppose à leur passage, et
font prisonnier le commandant qui
ne sait encore s'il veille, ou si un
songe l'abuse. Pendant ce temps le
reste de la troupe arrive, on s'empare de la garnison, et le soldat demandait à grands cris le pillage;
mais leurs chefs, aussi généreux
que sensibles, sauvent ce bourg et
rachètent eux-mêmes de leurs soldats ce droit, qui un jour s'abolira
comme tant d'autres coutumes barbares. Ils obtinrent, moyennant une
somme qu'ils leur promirent, et
qui fut fidèlement payée, qu'il ne
serait fait aucune violence aux habitans. On s'empara seulement des
armes et de la caisse militaire. Les
fortifications furent rasées et les
canons transportés au camp. Cette

expédition fit infiniment d'honneur
au baron de Buosen, et, comme elle
était terminée, il ne s'occupait que
de rejoindre son général, lorsque,
cherchant en vain Ernest, il demande à ceux de sa troupe s'ils l'ont
vu. Tous assurent que depuis le
matin ils ne savent ce qu'il est devenu. Cependant Frédéric ne peut
se résoudre à se mettre en marche
sans savoir où il peut être, et, feignant d'avoir encore quelques af-
faires à régler dans le bourg, il
charge son lieutenant de reconduire
sa troupe au camp, disant qu'il les
rejoindrait avant qu'ils fussent arrivés. Il ne garda que cinquante hommes d'élite, à qui il fit part de ses inquiétudes au sujet du comte, et de la
volonté où il était de le retrouver

avant de quitter le fort. Ils l'assurè-
rent qu'ils seconderaient ses désirs,
étant sincèrement attachés à M. le
comte de Blankenstein : il parut certain, d'après les recherches que ses
soldats firent dans le bourg, comme
pour s'assurer s'il ne restait point
d'armes, que le comte en était sorti.
Mais où avait-il été, et de quel côté
avait-il porté ses pas? Frédéric était
dans cette incertitude lorsqu'étant
chez un marchand où il avait été
loger depuis son séjour dans le fort,
il entendit dire en hongrois, qu'il
comprenait parfaitement : Le marquis de Worms sera bien content
de savoir le départ des Authichiens,
car il y avait un officier qui cherchait à faire sa cour à sa fille, et il
paraît que ce n'était pas les arran-

gemens de ce vieil avare; car il a
fait lever le pont-levis et monter la
garde à des paysans, de manière à
ce que personne n'entrât chez lui.
Ce récit fut pour Buosen un trait
de lumière. Il se rappela effectivement qu'il avait entendu son ami
lui parler d'Amélie de Worms,
comme un chef-d'œuvre de beauté,
d'esprit et de vertus. Il ne douta
donc plus que cet aimable fou ne
fût allé reconnaître la place qui
renfermait ce phénix, et faire les
derniers efforts pour s'en emparer;
mais comment ne l'en avait-il pas
instruit? craignait-il qu'il cherchât
à lui enlever cette conquête? ne
savait-il pas qu'Iseult remplissait
toutes les puissances de son âme?
et que, sans espoir qu'elle fût jamais

à lui, il n'en était pas moins décidé à lui garder la plus exacte fidélité ? Ce n'était donc pas la jalousie qui l'avait engagé au silence ; mais plutôt la crainte que son ami le blâmât de suivre cette aventure qui, d'après le caractère du marquis, ne pouvait avoir aucun succès. Cet homme haïssait les Autrichiens, étant, par sa mère, fils d'un prince de Transilvanie, ennemi de la maison d'Autriche, et il eût mieux aimé marier sa fille à un mécréant qu'à un favori de l'empereur. Mais il ne savait pas que c'était autant de raisons pour que le fils du chambellan n'en eût que plus de désirs d'obtenir la belle Amélie. Dès que Frédéric eut la presque certitude que son ami était au château du marquis

de Worms, il sortit du bourg avec
ses gens, comme pour rejoindre sa
troupe; mais, entré dans la forêt, il
se dirigea vers le sud par une route
qui devait le conduire assez près du
château du père d'Amélie; et en
effet, après avoir marché assez long-
temps, ils arrivèrent à l'extrémité de
la forêt; et, s'étant avancé dans une
plaine, il aperçut un château d'une
structure gothique, et qui paraissait
environné de bois et de marais. Frédéric porta son cheval de ce côté,
et sa petite troupe le suivit; mais,
quand ils approchèrent, ils furent
convaincus que rien n'était aussi
difficile que d'aborder cette forteresse. Le terrain qui l'environnait
était très-marécageux; il y avait
beaucoup d'inconvéniens à s'y en-

gager. Il était à présumer que, d'après le caractère défiant du marquis, il n'avait pas manqué de faire placer des chausses-trapes qui casseraient les jambes de leurs chevaux, s'ils voulaient se hasarder sur un terrain qui paraissait mouvant. Cependant il ne pouvait se résoudre à s'éloigner de ce château, bien persuadé qu'Ernest y était, et il se détermina à chercher un passage plus commode. Ils tournèrent donc le bois et virent en effet qu'il y avait une chaussée qui conduisait chez le marquis; mais elle était fort étroite et traversait un étang dont on ignorait la profondeur, mais dans lequel il était facile d'être culbuté, s'il venait une troupe à leur rencontre.

Frédéric, ne voulant point hasarder la vie de ces braves soldats, les
fit ranger en bataille à la tête de
la chaussée, et la traversa, suivi
seulement de deux arbalêtriers. La
chaussée finissait précisément à un
pont-levis qui l'unissait, lorsqu'il
était baissé, avec les cours du château, dont l'entrée était défendue
par quatre tours; l'étang, dont nous
avons parlé, en baignait le pied. Sur
chacune de ses tours était placée une
couleuvrine, et on voyait un assez
grand nombre de soldats ou plutôt
de paysans armés qui gardaient
cette citadelle. Elle eût dû paraître
imprenable avec aussi peu de monde
qu'en avait le baron de Buosen, si
la véritable amitié pouvait connaître
rien d'impossible pour délivrer un
ami.

Frédéric, voulant d'abord tenter les voies de persuasion, demanda à la sentinelle de faire baisser le pont, venant, disait-il, pour saluer le marquis de Worms et voir son château, que l'on assurait être très-curieux par son antiquité et les richesses qu'il renfermait. La sentinelle dit qu'elle avait ordre de tenir le pont levé, et qu'elle ne le baisserait pas. Mais que, si le capitaine voulait dire son nom, il ferait part à M. le marquis de Worms de ses désirs. Frédéric reprit que son nom n'était pas connu du marquis, qu'il se nommait Damster, et commandait une compagnie de cinquante hommes d'armes dans l'armée du général ***, etc., etc. Il attendit la réponse, et il attendit inutilement.

On ne daigna pas lui en faire. Mais il aperçut une jeune personne d'une rare beauté, et qu'il ne douta pas être Amélie : elle leva ses bras vers le Ciel, puis elle montra une des tours dont nous avons parlé, et ses gestes indiquaient que quelqu'un y était enfermé. Frédéric allait aussi lui répondre par signe quand la fenêtre se referma précipitamment. O Ciel ! dit le baron de Buosen, sûrement Ernest a voulu pénétrer dans ce château, et son farouche propriétaire aura fait arrêter mon ami, et il est maintenant dans cette tour, où il doit être le plus malheureux des hommes ; mais que ce soit lui ou un autre infortuné, il n'en est pas moins de mon devoir de le délivrer. Amélie, car c'est sûrement

elle, Amélie me l'ordonne, et servir
la beauté malheureuse est un devoir
sacré. Ainsi, après avoir attendu
encore quelques instans, n'en voulant pas perdre davantage, il résolut
d'exécuter les ordres de la belle
Amélie; il revint trouver ses com-
pagnons, et leur fit part de ce qu'il
avait appris par les signaux de celle
qu'il croyait être Amélie : qu'elle
n'avait point, il est vrai, nommé
Ernest; mais quel autre que lui aurait eu la témérité d'entrer dans ce
château dont l'aspect ôte tout espoir
de s'en emparer ? cependant nous
ne laisserons pas notre camarade,
notre ami dans les fers, nous le
délivrerons. Dites, mes amis, mes
camarades, ne vous en sentez-vous
pas le désir? Ils répondirent qu'ils

donneraient leurs vies pour briser
ses fers , et qu'ils étaient prêts à en-
treprendre tout ce qu'il leur commanderait. J'ai examiné, reprit-il ;
les dehors de cette forteresse : on ne
peut s'en rendre maître qu'en se ser-
vant de ce qui fait sa défense. Je
vais faire construire des bateaux
plats avec lesquels nous approche-
rons tellement des tours , que nous
pourrons les escalader. Je les ferais
bien sauter , comme nous avons fait
sauter la porte du fort , mais je crain-
drais pour les jours d'Amélie. Nous
n'en pénétrerons pas moins dans le
château , et , y eût-il cinq cents
hommes de garnison , je suis bien
sûr , avec vous , mes camarades ,
de venir à bout du Marquis , et de
le forcer à rendre la liberté à mon

ami, si toutefois il est vrai que ce soit lui qui soit détenu dans une de ces tours.

Ils se retirèrent en effet pour construire des bateaux et des échelles. Ils passèrent plus d'un mois dans l'épaisseur de la forêt, abattant des arbres énormes. Ils en faisaient des planches, les attachaient, les enduisaient avec du goudron. La plus grande difficulté était de les conduire au bord du canal, sans que M. de Worms en fût instruit. Le baron de Buosen eût bien voulu le faire dire à la belle inconnue; mais comment arriver jusqu'à elle? Il était du plus grand embarras, lorsqu'il vit avec surprise un beau pigeon blanc, qui avait un billet au cou. — Si j'étais, dit le baron de

Buosen, transporté au temps où l'on croyait aux génies , je prendrais cet oiseau pour le messager de l'un d'eux. Il détacha la lettre, et aussitôt l'oiseau de Vénus retourna du côté du château.

Buosen ouvrit la lettre qui lui était adressée, et il lut ces mots :

*Lettre d'Amélie de Worms à M le baron de Buosen.*

Le 10 juin 1553.

Monsieur le baron ,

« Je sais combien je m'écarte de « la retenue qui convient à mon « sexe en vous écrivant, mais la « pureté de mes motifs me sert d'ex- « cuse. Protéger l'innocence oppri- « mée, aider à briser ses fers, c'est

« ce qui m'a déterminée à vous
« adresser cette lettre, que mon fidèle
« messager vous portera, car je ne
« veux me confier à personne. Sa-
« chez donc que votre ami Ernest,
« ayant tenté de pénétrer dans cette
« terrible enceinte, au moment où
« il mettait le pied sur le mur qui
« en défend l'entrée, et qu'il était
« prêt à le franchir, a été fait pri-
« sonnier, sans qu'il ait eu la possi-
« bilité de s'en défendre, et enfermé
« dans la tour à droite de la prin-
« cipale porte. Il vous sera facile de
« le délivrer si vous pouvez y poser
« des échelles ; mais, surtout, ne
« tentez rien de plus : qu'il parte,
« qu'il n'expose pas davantage une
« tête si chère, et laissez la pauvre
« Amélie à son sort, trop heureuse

« d'avoir préservé Ernest de celui
« dont il est menacé. Puisse ma
« lettre tomber dans vos mains, et
« surtout ne pas revenir dans celles
« de mon père. »

Il comprit alors que le pigeon au-
quel on attachait la lettre au cou
était envoyé au hasard, que seulement il était apprivoisé et se lais-
serait prendre facilement, et que
c'était donc par une protection du
Ciel si la lettre était arrivée à celui
à qui elle était adressée, et cette pensée ajouta à son courage.

Il savait par ce billet tout ce qu'il
voulait savoir; c'était réellement
Amélie qu'il avait vue à la croisée;
c'était Ernest, qui, épris de ses
charmes, avait voulu pénétrer dans
ce redoutable château; c'était lui qui

III. 3

languissait dans la tour, où il paraissait menacé du plus grand danger.
Il faut le délivrer, dit-il, il faut
plus, il faut arracher Amélie à la
cruelle captivité où elle passe ses
jours; il faut l'unir à Ernest, et dé-
truire une forteresse qui recèle un
ennemi de l'empereur et qui pèse
sur la tête de ses voisins. Que de
motifs d'émulation! Aussi tout fut
bientôt près, et après avoir conduit
les barques au bord du canal, à l'entrée de la nuit, ils les lancèrent à l'eau
avec un grand succès, et se trouvèrent bientôt au bas de la tour qui
renfermait Ernest. Ayant posé les
échelles avec une telle adresse qu'ils
ne furent entendus de personne, pas
même de la sentinelle, ils montèrent
au nombre de quarante, ayant Fré-

déric à leur tête. Dix restèrent pour garder les barques : ceux qui escaladèrent, ayant atteint le haut de la tour, y trouvèrent la sentinelle que Frédéric saisit à travers du corps et précipita dans l'étang ; puis, gagnant l'escalier de la tour, ils arrivèrent à la porte de la prison de M. de Blankenstein ; elle était fermée en dehors par d'énormes verroux ; ils l'ouvrent à la lueur de la lampe qui éclairait ce triste séjour ; ils aperçoivent Ernest enchaîné sur son lit : la joie des deux amis fut extrême en se revoyant. Déjà les fers du comte sont brisés ; on lui donne des armes qu'il va employer à délivrer sa maîtresse ; car il brûle depuis long-temps de l'amour le plus ardent pour M$^{lle}$ de Worms, qu'il avait vue à Vienne chez une de ses

tantes, avant que son père, qui
voulait la marier à un magnat de
Pologne, l'eût fait revenir dans son
château, où elle est la plus malheureuse des femmes. Ernest l'ignorait;
et ce fut par hasard que, se prome-
nant à l'entour du château, il l'aperçut. Alors il résolut de s'introduire
dans cette citadelle; et, sans réfléchir
aux dangers qu'il courait, il se ser-
vit d'un arbre assez voisin de l'enceinte pour s'élever à la hauteur du
mur; et, voyant qu'il peut s'élancer
de la branche la plus proche sur le
mur même, il s'y trouve aussitôt,
et est dans le même instant descendu
dans la cour intérieure, quand tout-
à-coup on se jette sur lui, on le
mène au marquis de Worms, qui
l'interroge; et, comme il ne veut pas

répondre, il est conduit dans la tour,
chargé de chaînes ; et depuis plus
d'un mois il n'avait vu qu'un soldat,
qui lui apportait du pain noir et de
l'eau, et lui disait : Quand vous
parlerez, on vous rendra la liberté ;
d'ici là, voilà tout ce que vous aurez.
Je prenais, disait Ernest à Frédéric,
ce maudit repas, et je gardais le
silence et le secret ; mais grâce à
toi, mon cher Frédéric, je puis espérer d'enlever Amélie, contraindre son père à me la donner, et à
abandonner cette forteresse à l'empereur d'Allemagne : voilà nos projets. — Mais sais-tu en quoi consiste
la garnison ? — Au moins trois cents
soldats, ou plutôt trois cents paysans, que tes quarante hommes
auraient bientôt mis en déroute. —

Je le crois, repris le baron, déjà la
sentinelle est allée boire dans le fond
de l'étang; seulement il ne faut pas
nous séparer. Une fois arrivés dans
la cour intérieure, nous nous for-
merons en bataillon carré, et nous
culbuterons tout ce qui s'opposera
à notre passage. — Je ne demande
pas mieux. Et, se revêtissant aussitôt de l'armure que Frédéric lui
avait apportée, ils parvinrent sans
obstacle dans la cour, et, lorsqu'ils
y entrèrent, ils causèrent une telle
frayeur à ceux qui montaient la
garde, qu'ils tombèrent ventre à
terre, bien persuadés que ces hommes qu'ils voyaient tout-à-coup descendre ces degrés, sans savoir par où
ni comment ils y sont parvenus,
étaient bien certainement des esprits

infernaux qui venaient punir le seigneur de Worms de tous ses crimes,
et qui leur feront partager les sup-
plices comme en ayant été des com-
plices. Leur soumission ne put les
sauver; il y avait trop de danger à
les laisser vivre : ils furent égorgés ;
et leurs cris ayant enfin porté l'a-
larme dans le château, le marquis
de Worms parut à la porte du vesti-
bule, suivi du reste de la garnison.
Décidé à ne point laisser forcer son
asile, il ignorait encore qui avait
pénétré dans ces cours, et il ne
soupçonnait pas que l'amant de sa
fille, qu'il avait fait enfermer dans
la tour, fût un des braves qui venaient l'attaquer jusques dans l'intérieur de son fort. L'audace de cette
troupe excitait sa colère ; et, perdant

par son impatience l'avantage de
sa position, il s'avance au-devant
d'eux. Frédéric, qui commandait,
le laisse sortir entièrement avec ses
gens; et, avant qu'il eût pu encore
se former, il tombe sur ces très-
mauvais soldats, en tue la plus
grande partie, fait le reste prisonnier. M. de Worms se battit en désespéré. Ernest épargna ses jours; mais,
accablé par le nombre, Frédéric le
fit prisonnier. Alors il ne trouve plus
de résistance, et Ernest et son ami
arrivent jusqu'à l'appartement d'A-
mélie, et y entra avec le respect
dû à la vertu. Mademoiselle de
Worms n'ose en croire ses yeux
quand elle aperçoit l'ami de son
cœur, qui avait levé sa visière pour
que son amie le reconnût. — Venez,

cher ange, lui dit-il, nous sommes
vainqueurs. — Et que prétendez-
vous? — Assurer votre liberté, puis
tout attendre de votre tendresse. —
Et mon père ? — Il est prisonnier
du baron de Buosen, mon frère
d'armes, à qui je dois la liberté et
la vie. Alors le baron ôtant son
casque, Amélie le reconnut pour
être le jeune homme à qui elle avait
fait entendre qu'Ernest était prisonnier. Il se joignit au jeune comte
pour engager Amélie à les suivre ;
mais elle protesta qu'elle mourrait
plutôt que de sortir de chez son père
pour suivre son amant. — Vous vous
trompez, Amélie, ce n'est point de
chez votre père que vous sortez,
mais d'une forteresse prise d'assaut;
ce n'est point votre amant que vous

3**

suivez, mais le vengeur de l'huma-
nité, que votre père.... —Quand je
m'avouerais intérieurement les torts
de mon père, reprit Amélie avec
beaucoup de dignité, il ne me con-
viendrait pas d'entendre un seul mot
qui pût l'accuser. Mais je suis loin
de partager votre opinion : mon père
a été très-malheureux ; son caractère
a dû en être aigri ; la conduite du
souverain dont vous suivez les drapeaux a été envers lui de la dernière
injustice, et il est simple qu'il cherche
à se venger.... Mais est-ce donc sur
vous, cher Amélie ? — Il me croit
attaché au parti de son ennemi ; j'ai
résisté à ses volontés dans le choix
d'un époux : je ne puis donc me
plaindre de la rigueur qu'il a em-
ployée pour me ramener à l'obéis-

sance que je lui dois, et que mon
faible cœur lui refuse. C'est vous en
dire trop, cher Ernest; mais je n'irai
pas plus loin, et je mourrais aux
pieds de mon père plutôt que de
l'abandonner. Ernest ne s'était pas
attendu à cette résistance; et, quoiqu'elle ajoutât à sa parfaite estime
pour Amélie, il n'en fut pas moins
désespéré, et il ne savait plus quel
parti prendre. Rendre la liberté au
marquis de Worms, c'était trahir
les intérêts de l'Empereur; laisser
Amélie seule dans son château, ex-
posait cette belle personne à y être
inquiétée par les habitans des bourgs
voisins, qui, ayant tous à se plaindre
du marquis, ne manqueraient pas
cette occasion de venir s'emparer
de cette forteresse qui, depuis tant

d'années, les incommodait si fort,
et peut-être la raser.

Frédéric craignait qu'une longue
absence du camp ne lui fût préjudi-
ciable; et, malgré les lois de la ga-
lanterie dont, quoiqu'ils fussent
Allemands, ces amis se piquaient
tous deux, ils convinrent qu'ils se-
raient forcés de faire Amélie prisonnière, puisqu'il n'y avait que ce
moyen de l'arracher à ce séjour; qu'il
fallait sans délai se soumettre à l'empereur; et Frédéric mettant un genou
en terre, il dit à Amélie : C'est avec
un sensible regret, Madame, que je
me vois forcé, par les lois de la guerre,
à vous déclarer que vous avez perdu
la liberté. — Je sais, monsieur le baron, me soumettre aux lois de la né-
cessité, et peut-être n'éprouvai-je pas

en ce moment toute la peine que je
devrais ressentir de ces évènemens.
— Ah ! dit Ernest avec un sentiment inexprimable, serais-je assez
heureux pour en être cause. — Si
c'est en effet, Monsieur, un bonheur pour vous de mettre mon cœur
sans cesse en opposition avec mes
devoirs, vous pouvez jouir de votre
triomphe, mais ce sera le seul, et
j'ose croire que je n'invoquerai pas
inutilement la loyauté de votre ami,
et qu'il m'accordera sur-le-champ
de me conduire auprès de mon
père, et de ne jamais séparer mon
sort de celui de M. le marquis de
Worms. — Quoi ! cher Amélie ;
vous exigez..... — Je sais qu'une
prisonnière n'a pas le droit d'exiger,
mais je sais aussi que dans les fers

mon âme reste libre, et que je suis irrévocablement décidée, si, vous, monsieur de Buosen, ne m'accordez pas la grâce que je vous demande, de ne jamais recevoir les vœux de M. le comte de Blankenstein, quelque libre que je puisse être, car je le regarderais de ce moment comme mon plus mortel ennemi. — Ah! ciel! Amélie, pouvez-vous proférer un semblable blasphême? — Pouvez-vous, Monsieur, employer la force et la violence pour m'enlever le seul bien que je prise, une réputation intacte et qui me conserverait son estime, lorsque l'on saura que mon père languit dans les fers, que c'est pour moi, et que, soumise en apparence comme lui aux lois de la guerre, je

n'en connais d'autres que celle d'un
fol amour ? Ah ! plutôt mourir mille
fois que de donner de moi-même
une semblable idée ! Ernest, désespéré, ne vit plus aucun moyen de
s'opposer aux volontés de la dame
de ses pensées ; sa vertu le désolait
et ajoutait à son amour. Il la remit
donc dans les mains de son ami, et
ne put proférer que ce peu de mots :
vous le voulez, cruelle ; puissiez-vous
un jour ne pas vous en repentir !
On ne se repend jamais d'avoir fait
son devoir, on s'honore soi-même,
et on acquiert des droits certains à
l'estime de ce qu'on aime. N'est-ce
donc rien, cher Ernest, lui dit-elle,
en lui tendant la main qu'il baisa
avec transport ?

Frédéric qui n'était point amou-

reux d'Amélie, et qui craignait de
perdre des instans précieux pour
sa gloire, offrit son bras à sa prisonnière, qui l'accepta en détour-
nant ses regards d'Ernest, dans la
crainte qu'il n'aperçût les pleurs
qui lui échappaient.

Le comte, sûr d'être aimé de
la plus belle, de la plus vertueuse
des femmes, espéra tout du temps
et de la protection de l'empereur.
Il ne s'occupa plus que de faire en-
terrer les morts, et conduire les prisonniers au camp, laissant vingt-cinq
hommes dans le château, jusqu'à
ce qu'on vînt y amener une garnison plus respectable pour défendre
le pavillon de l'empereur qui flot-
tait déjà sur la principale tour.

Frédéric conduisit Amélie dans

la salle d'armes, où dix soldats gardaient le marquis de Worms, et
craignaient souvent qu'il ne leur
échappât. Sa rage redoubla quand il
vit sa fille avec un des deux officiers
qui l'avait fait prisonnier. Il vint
sur elle avec une telle fureur, que
Frédéric fut obligé de se placer entre
lui et Amélie. — Fille dénaturée,
viens-tu contempler ton ouvrage,
viens-tu insulter aux maux que tu
as faits? réponds; que prétends-tu?
— Vous suivre, mon père, et vous
forcer, par mon respect et ma soumission, à me rendre justice. J'ai
préféré d'être prisonnière avec vous,
à être libre avec l'homme que j'a-
dore. Je l'ai fait parce que je l'ai
dû. Je ne prétends pas mériter de
louanges, en ayant rempli ce que

l'honneur exigeait de moi, mais au moins ne m'accablez pas d'un cour-roux injuste.

Le marquis, attéré par la noble fermeté de sa fille, et étant inca-pable de rendre hommage à la vé-rité qu'il haïssait au fond de son cœur, garda le silence, et son re-gard farouche se détourna pour ne pas voir l'admiration que la con-duite d'Amélie inspirait à tout ce qui l'entourait.

Frédéric, voyant le marquis plus calme, lui demanda de quelle ma-nière il voulait se rendre au camp, ou à cheval ou en litière. A cheval, dit-il; je veux qu'on voie à quel excès d'indignité on se porte à mon égard. Enfermé dans ma litière, vous vous flatteriez de cacher à mes

vassaux les suites de votre tra-
hison; mais ils me verront, ils me
vengeront. Il se trompait infiniment; la captivité du marquis de
Worms , haï généralement , eût
été plutôt une fête pour tout ce qui
le connaissait, qu'un sujet de tristesse.

Cependant Frédéric donna des
ordres pour que le cheval dont le
marquis avait coutume de se servir
fût prêt. Une haquenée superbe-
ment harnachée était destinée à
Amélie. Douze hommes, sur lesquels on pouvait compter , de-
vaient escorter le père et la fille.
Ç'eût été bien peu, si, comme le
disait le marquis, il eût été aimé
dans le pays. Mais Frédéric ne
craignait pas qu'on lui enlevât son

prisonnier, et il préférait laisser à
Ernest plus de monde pour garder
le château, qu'il eût été au désespoir de voir tomber dans les
mains des Turcs.

Malgré le désir qu'Ernest aurait
eu de revoir encore une fois sa
chère Amélie, il ne se le permit
pas, pour ne point ajouter à la
haîne que le marquis avait contre
lui. Ce fut donc Frédéric qui amena
au camp les deux prisonniers. Frédéric eut une longue entrevue avec
Amélie, où elle l'assura qu'elle aimait Ernest de l'amour le plus tendre, et que, s'il pouvait obtenir le
consentement de son père, le plus
beau jour de sa vie serait celui où elle
porterait son nom ; mais que d'ici
là elle était décidée à ne le point

voir, quelque douleur que lui cau-
sât son absence, parce qu'elle ne
pouvait le préférer à sa réputation,
qui lui était d'autant plus chère,
qu'elle la regardait comme appar-
tenant au comte; la vertu étant la
plus belle dot qu'une femme puisse
apporter à son mari, elle parla à Frédéric de sa mère, du moins de celle
qui passait pour l'être. Elle l'avait
vue à Vienne, dans un voyage où
M^{me} Damster avait accompagné
Isidore : elle l'avait trouvée très-
aimable; car, pour qui ne voyait
Pétronille que dans un cercle, elle
plaisait infiniment par la vivacité
de son esprit et l'originalité de son
caractère.

Frédéric était bien loin de s'ex-
pliquer sur son compte; et, cachant

au contraire avec soin son éloignement pour celle qu'il croyait sa mère,
éloignement qu'il se reprochait, mais
qu'il ne pouvait vaincre, mademoiselle de Worms eût bien voulu que
Frédéric l'eût accompagnée jusqu'à
Vienne, mais il lui était impossible.
On était à l'instant d'une action dé-
cisive ; il était trop avide de gloire
pour laisser échapper l'occasion d'en
acquérir ; mais il avait obtenu du
général de confier le commande-
ment de l'escorte à un homme d'une
loyauté reconnue. Ernest avait écrit
à la hâte un mot à sa mère ; il l'a-
vait donné au baron de Buosen,
pour le remettre à Amélie au moment où elle partait pour Vienne.
Il recommandait, à la comtesse de
Blankenstein, la belle prisonnière,

et la priait de la regarder comme
sa fille ; se flattant que l'empereur
forcerait le marquis de Worms de
donner son consentement à son mariage avec mademoiselle de Worms.
Ernest connaissait toute la tendresse
que sa mère avait pour lui, il était
bien certain qu'Amélie lui devien-
drait infiniment cher dès qu'elle
saurait combien il l'aimait.

Amélie reçut cette lettre avec reconnaissance, mais elle n'espérait
pas qu'elle pût changer son sort, bien
persuadée que rien ne ferait plier
l'inflexibilité de son père. Cependant, il en arriva tout autrement
qu'elle se l'était imaginé. Le marquis s'était flatté d'un mouvement
en sa faveur, et que son escorte serait attaquée et défaite : mais le

Ciel qui voulait mettre fin à ses bri-
gandages, ne lui suscita aucun libérateur, et il arriva à Vienne prisonnier de Frédéric qui avait chargé
son lieutenant d'en faire hommage
à l'empereur.

L'être dur et orgueilleux dans la
fortune est ordinairement bas et vil
dans l'adversité; c'est ce qui arriva
au marquis. Quand il se vit dans
les murs de Vienne, sans espoir de
recouvrer sa liberté, il ne songea
plus à l'obtenir que par une parfaite soumission à l'empereur. Alors
il pensa que sa fille, par l'ascendant
que donne la beauté, pourrait lui
être utile; il la traita avec plus d'é-
gards, et alla même jusqu'à lui demander conseil, ce qui ne lui était
jamais arrivé avec qui que ce fût.

Amélie crut ne devoir pas laisser
échapper cette occasion pour parler
de la lettre qu'elle avait pour la
femme du premier chambellan. Le
comte feignit de ne pas se rappeler que c'était la mère d'Ernest, et
engagea sa fille à ne pas perdre
un moment pour voir cette dame :
il ne s'informa pas seulement de
quelle manière Amélie s'était pro-
curé cette lettre; il ne vit que l'utilité
dont elle pouvait lui être : Amélie,
suivie d'une de ses demoiselles,
qu'on lui avait permis d'emmener
avec elle, et d'un vieil officier qui
devait l'accompagner partout où elle
voudrait aller, se rendit à l'hôtel de
Blankenstein, dont la magnificence
la frappa. Elle fit demander à la comtesse la permission de lui remettre

une lettre de son fils. Cette tendre mère, qui était sans cesse dans les plus violentes alarmes sur le sort de ce fils qu'elle adorait, ne donna pas le temps à Amélie d'arriver jusqu'à elle; elle courut à sa rencontre, et, en la trouvant si belle, l'air noble autant que modeste, elle désirait intérieurement que ce fût cette Amélie dont son fils lui avait si souvent parlé. Elle ne connaissait pas M^lle de Worms parce qu'elle n'était pas à Vienne dans le temps qu'Ernest avait pris dans les yeux de cette charmante personne tout l'amour dont il était embrasé pour elle.

Mademoiselle de Worms lui remit la lettre avec une grâce infinie. Dès que la comtesse eut lu les premières lignes, elle prit Amélie dans ses bras, la serra contre son cœur. — Ah ! sûrement, vous serez ma fille, chère Amélie, j'aurai pour vous tous les sentimens d'une mère; et, l'emmenant dans son appartement, elle lui fit raconter toutes les particularités de cette singulière aventure; elle loua infiniment sa conduite, et elle l'assura qu'elle la lui rendait plus chère; mais il faut, dit-elle, venir loger dans l'hôtel avec M. votre père, car je vois que vous ne voulez pas vous en séparer, ce que j'approuve. M. de Blankenstein n'est point ici; car il aurait été le premier à prier M. le marquis de Worms de lui faire cet honneur; mais, comme il est tout simple que je vous reconduise, je profiterai de cette occasion pour engager M. de

4*

Worms à venir demeurer chez
moi, comme devant y être mieux
qu'à l'auberge. M^{me} de Blankenstein se rendit en effet dans celle
que le marquis et sa fille occu-
paient. M. de Worms qui se voyait
toujours livré à un conseil de guerre
et condamné à perdre la tête,
comme il l'avait mérité plus d'une
fois dans sa vie, était dans une
crainte mortelle. Quand il entendit
un grand nombre de chevaux et de
valets qui entraient dans la cour de
l'hôtellerie, il se crut perdu, et
qu'on venait l'enlever pour le tra-
duire dans les cachots, destinés aux
criminels. Quelle fut sa surprise
et sa joie de voir sa fille ramenée
auprès de lui par la comtesse, qui,
sans entrer dans aucune explica-

tion, l'engagea à venir prendre un logement chez elle, où il serait plus commodément, ainsi que la chère Amélie, qu'elle aimait comme sa fille! Le marquis s'empressa de répondre aux bontés de M^{me} de Blankenstein ; et, feignant toujours d'ignorer que ce fût la mère d'Ernest dont il recevait ces marques de bontés, accepta et se rendit à l'hôtel de Blankenstein avec sa fille, qui était au comble du bonheur de se trouver auprès de la mère de celui qu'elle aimait si tendrement. Le marquis, au bout de deux ou trois jours, demanda à la comtesse, si elle avait daigné parler de lui à l'empereur. Je ne vous cache point, reprit-elle, que je n'ai pu dire qu'un mot, parce qu'il m'a paru

que sa majesté est très-irritée contre
vous, et qu'elle n'est pas dispo-
sée à vous rendre la liberté avant
la paix ; tout ce que j'ai pu obtenir,
c'est que vous ayez la ville pour
prison, et que vous y soyez libre sur
votre parole d'honneur, vous pré-
venant que, si vous étiez capable d'y
manquer, il vous poursuivrait jusqu'à la mort.

M. de Worms fit la plus humble
protestation de fidélité à son souverain, et demanda qu'au moins il
fût libre de déterminer le mariage
de sa fille avec un grand seigneur
de Pologne qui n'attendait qu'un
mot de lui pour venir mettre aux
pieds d'Amélie son rang et sa fortune, dont elle ne veut pas. M. de
Worms, il faut que je vous parle

avec une franchise que l'on vient
rarement chercher à la cour : vous
êtes regardé ici comme un rebelle,
et, sans Amélie, rien ne vous sau-
verait du glaive de la justice. C'est
à sa considération seule que l'empereur accorde ce que je viens de
vous dire : mais il fait plus ; il marie
Amélie à quelqu'un qui lui convient beaucoup mieux que votre
Magnat, que vous pouvez laisser en
Pologne. — Ma parole est donnée,
et rien, Madame, ne m'y fera
manquer. — A merveille, Monsieur, si ce que vous aviez promis
était une chose qui ne dépendît que
de vous ; mais ici il faut le consentement de votre fille, à qui l'empereur défend de le donner. Je vous
conseille donc en amie de renoncer.

— Jamais, Madame. — Alors, Monsieur, ne vous en prenez qu'à vous, si vous êtes traduit devant les tribunaux. — O ciel! quelle alternative! Voilà cependant où m'a amené le traître Ernest. — Ernest, dites-vous, Monsieur! en quoi mon fils a-t-il pu vous trahir? —Quoi! Madame, Ernest est votre fils! je ne l'ai jamais entendu nommer qu'Ernest, et j'ignorais sa haute naissance et ses relations à la cour; mais il n'en est pas moins prouvé qu'il a feint de se faire arrêter seul dans mon château pour faciliter à Frédéric Damster, qui se fait appeler à présent le baron de Buosen, les moyens de m'y surprendre, et d'enlever ma fille. — L'amour et la gloire lui servent de défense, reprit la comtesse : l'empereur, touché de l'un, et voulant lui frayer le chemin vers l'autre, a décidé qu'il vous demanderait de donner à Ernest une compagne digne de lui. — Pourquoi l'empereur veut-il s'arroger le droit de marier ma fille au gré de ses désirs? Où a-t-il vu que la puissance du monarque allât avant celle des parens? Il y eut des pères avant qu'il y eût des rois. — Oui, reprit la comtesse avec une aimable gaieté ; mais aussi il y eut des amans avant qu'il y eût des pères, et c'est peut-être pour cela que l'amour gouverne tout aux dépens des pères et de tout ce qui a reçu la puissance, toujours trop faible devant l'amour. Enfin, M. le mar-

4**

quis, votre grâce est à ce prix, et
tout ce que j'ai pu obtenir de sa
majesté, c'est qu'elle vous accorde
huit jours pour réfléchir sur ce que
je vous dis. — Le marquis se sentait pris au piège, et, voyant bien
qu'il ne pouvait y échapper, il
donna enfin son consentement, que
l'on lui fit signer. Il se flattait qu'a-
lors il serait libre de retourner dans
son château ; mais la comtesse lui
dit que l'empereur n'avait encore
rien statué sur cet objet; que d'ailleurs MM. de Blankenstein n'étant
à Vienne ni l'un ni l'autre, il fallait que le marquis attendît leur retour pour quitter cette ville. M. de
Worms fut encore forcé de consentir à demeurer à l'hôtel de Blankenstein, où il était aussi malheu-

reux, par la violence qu'il était forcé de faire à son caractère, que sa fille était heureuse près de la mère de son ami, et avec la certitude d'être bientôt à lui.

Cependant les dangers où Ernest était exposé la jetaient, ainsi que la comtesse, dans de vives alarmes. On savait à Vienne depuis deux jours qu'il y avait eu une bataille importante assez près de Bellegarde, mais on en ignorait les détails. On savait seulement que les Autrichiens étaient vainqueurs ; mais combien de fois les lauriers ont été arrosés des pleurs des épouses et des mères! M^{me} de Blankenstein était dans une inquiétude mortelle, qu'Amélie partageait bien vivement. La première avait envoyé un courier à son fils, pour lui apprendre que le marquis de Worms consentait à lui donner la main d'Amélie, et que l'empereur, à cette considération, lui avait accordé sa grâce, et à Ernest un congé pour venir à Vienne, serrer les nœuds qui assuraient son bonheur. Elle engageait Frédéric à accompagner son ami. Le courier ne revenait pas, et il n'y avait aucune nouvelle du jeune comte. Son père était arrivé à Vienne depuis trois jours : il avait vu Amélie avec le même intérêt que la comtesse, et il ne désirait pas moins que sa compagne de voir mademoiselle de Worms celle de son Ernest, dont le silence l'inquiétait extrêmement. M. de Blankenstein s'occupa

à adoucir l'ennui de la captivité du
marquis de Worms, par tous les
égards imaginables. Le marquis y
répondait par politique ; mais il
était aisé de lire dans ses yeux combien au fond de son cœur il haïssait
ses fers, malgré les fleurs dont on
ne cessait de les enlacer. Son natu-
rel altier perçait au milieu des pro-
testations de reconnaissance qu'il
faisait au comte ; il était aisé de
voir qu'il était vaincu et non sou-
mis, et que la crainte seule de l'é-
chafaud l'avait déterminé à suivre
les volontés de l'empereur. Il le faisait sentir chaque jour à sa fille,
qu'il rendait très-malheureuse dans
son intérieur, par tous les reproches
dont il l'accablait. Mais le retour
d'Ernest dissipa bientôt ces nuages;

il arriva en même temps que le
courier de sa mère. Avec quelle
joie il fut reçu de ses parens et de
son Amélie! Mais elle fut tempérée
par le nuage de tristesse qu'ils virent dans les yeux d'Ernest, et ils
s'empressèrent à lui en demander la
cause. Hélas! dit-il, pardonnez si
dans le moment ou je suis le plus
fortuné des hommes une douleur
bien légitime vient troubler ma félicité, puisque c'est celui à qui je la
dois qui cause ma peine. Frédéric,
le brave et aimable Frédéric, que
j'aime comme mon frère, a été
dangereusement blessé à mes côtés,
car nous ne nous sommes pas quit-
tés pendant toute l'action, quand
tout-à-coup nous avons été séparés
par un mouvement qui s'est fait

sentir dans l'aile gauche de l'armée
où Frédéric commandait un corps,
et depuis il m'a été impossible d'en
avoir la moindre nouvelle. On l'a
cherché inutilement parmi les
morts. On le croit prisonnier des
Turcs, mais on n'en a aucune certitude; et on ne comprend pas que les
autrichiens ayant fait prisonniers
plusieurs personnes de marque dans
cette journée, ils ne se soient pas
empressés de faire connaître que
Frédéric est dans leurs mains, pour
l'échanger contre quelqu'émir. J'ai
envoyé un héraut pour le réclamer :
on ne sait ce qu'il est devenu; et
j'avoue que, quelqu'extrême que
soit mon bonheur, il est troublé
par la pensée que Frédéric n'en
sera pas témoin. — On partagea ses

sentimens, la sensible Amélie re-
gretta sincèrement le baron de Buosen, et le marquis de Worms fut le
seul qui se livrât intérieurement à
la joie d'imaginer que celui qui
avait le plus contribué à sa captivité languissait à son tour dans les
fers, ou avait touché les sombres
bords, et cette pensée éclaircit un
peu son front.

Il ne témoigna cependant aucun
ressentiment à Ernest, et il fut le
premier à hâter l'instant où les
amans deviendraient époux. Ernest
ne pouvait être qu'un mois à Vienne;
l'empereur lui témoigna infiniment
de bontés; mais, quand pour com-
plaire à Amélie il demanda à sa
majesté l'entière liberté du marquis, le monarque lui répondit :

J'ai fait plus que je ne devais, mon
cher comte, en lui accordant la
vie; c'est aux sollicitations de votre
mère, à l'intérêt qu'elle m'a inspiré
pour Amélie, qu'il la doit. Il est
donc impossible que je le laisse
libre de ses volontés, qui ne seront
jamais que de faire le plus de mal
qu'il pourra. Aussitôt votre mariage, il partira pour le château
d'Exx, qui sera sa dernière de-
meure. Il n'y sera point malheureux. L'habitation, quoique anti-
que, est commode; le parc superbe.
Il sera gardé par deux cents hommes
qui me répondront de lui. Voilà la
trop douce punition que je lui im-
pose; mais que rien dans le monde
ne pourra adoucir.

Ernest n'apprit pas sans peine de

la bouche de l'empereur cette résolution ; il ne doutait pas qu'elle
n'affligeât Amélie, et que le marquis ne fût transporté de colère; il
se garda bien de leur apprendre
cette fâcheuse nouvelle , qui eût
troublé les fêtes de son mariage. Il
fut célébré peu de jours après, et,
lorsque la jeune comtesse de Blankenstein parut à la cour, elle en-
chanta tout ce qui la voyait. L'impératrice voulait la garder auprès
d'elle ; mais Amélie, qui savait
enfin quel était le sort que l'on destinait à son père, voulut conserver
toute liberté de le partager, quand
son époux serait absent. Ernest,
qui admirait tout ce qui était généreux, ne put qu'applaudir à la résolution d'Amélie. Peut-être un

peu de jalousie la lui rendait-il
plus agréable encore ; car , étant
obligé de retourner à ses drapeaux ,
il aimait tout autant que sa femme
fût dans le château d'Exx que de la
savoir à la cour, où il eût été impossible qu'elle n'eût pas été sans
cesse en butte aux séductions de la
louange, que sa beauté lui eût at-
tirée.

Quant au marquis, ni le noble
dévouement de sa fille, ni les res-
pects de son gendre, ne purent l'a-
doucir. C'était un tigre tombé dans
un piège, qui cherche à dévorer ses
gardiens. Il traitait tout ce qui l'entourait avec mépris , et les injures
les plus grossières s'échappaient
sans cesse de sa bouche, accusant
le ciel et l'empereur de sa disgrâce,

mais surtout Ernest, dont il ne pouvait pas entendre prononcer le nom sans frémir de rage. Amélie n'opposa jamais à ses transports qu'une douceur inaltérable ; et tandis qu'elle trouve dans l'accomplissement de ses devoirs le contentement de soi-même, supérieur aux plus douces jouissances, et qu'Ernest, séparé de ce qu'il aime, espère au moins apprendre à l'armée des nouvelles de Frédéric, retournons dans la vallée de Mittersbach, où nous avons laissé le faux Rémond ayant entièrement recouvré la santé, et ayant plus de désir que jamais d'épouser Iseult ; il pressait son père de la demander à M. d'Hercourt, mais le comte de Zizermann ne pouvait se résoudre à employer le crédit que l'amitié lui donnait sur le baron, pour exiger de lui qu'il ordonnât à sa fille d'écouter les vœux de son fils; car il ne pouvait se dissimuler qu'il était presqu'impossible qu'il rendît mademoiselle d'Hercourt heureuse.

Quant à elle, sa haîne pour le jeune comte allait toujours croissant en proportion du progrès que l'amour faisait dans son cœur pour l'aimable et brave Frédéric. On avait été instruit au château de Mittersbach des actions brillantes qu'il avait faites pendant la campagne; on savait avec quelle adresse il s'était emparé du château du marquis de Worms, et avait délivré la tendre Amélie. Quand on célébrait ses louanges, le front d'Iseult peignait la joie la plus douce;

et on voyait dans les yeux de Pétronille toute l'envie dont son cœur était
dévoré. Souvent il échappait à Ulric
de dire avec un sentiment de douleur : Il eût bien mieux valu me
le laisser pour fils ! Alors Pétronille
lui reprochait sa faiblesse pour une
femme qui l'avait trompé, et son in-
gratitude envers elle. Mendorf cherchait à lui prouver que nos vertus et
nos vices ne tiennent point au sang
qui coule dans nos veines, mais
aux circonstances où nous nous
trouvons. Le fils d'Isidore, disait-
il, n'aurait pas mieux valu que le
vôtre, s'il eût été élevé dans la pensée qu'il était réellement l'héritier
des nobles maisons de Zizermann
et de d'Elkensfeld : qui se croit au-
dessus de tout ce qui l'environne,

deviendra dur, hautain, sans soin
pour acquérir les talens et les vertus
dont il croit pouvoir se passer : tel
est votre fils ; tel, je vous le répète,
eût été celui d'Isidore et de Damster.
Vous n'y eussiez rien gagné, et vous
auriez de plus le chagrin de penser
que c'est un étranger qui vous cau-
serait les peines dont vous vous plai-
gnez. Ulric feignait de se rendre à
ses raisons, et faisait sa paix avec
Pétronille.

Nous avons vu celle-ci dédaigner
pour son fils l'alliance de mademoiselle d'Hercourt, en disant que la
fille d'un simple gentilhomme, sans
grade supérieur, ne pouvait convenir au comte de Zizermann ; mais
depuis que son fils lui a signifié qu'il
se tuera, et tuera Frédéric, si on ne

lui donne pas Iseult, elle a changé
d'avis, et elle veut absolument ce
mariage.

Un jour que le comte avait ex-
primé encore plus de regret du changement que cette femme hardie s'é-
tait permis de faire, elle affecta tant
de hauteur, parut tellement décidée
à quitter la vallée de Mittersbach
pour se retirer en Bavière, où elle
avait un oncle, afin de ne plus entendre des reproches qui lui déchi-
chiraient le cœur, que M. de Zizermann, pour l'appaiser, lui donna
enfin sa parole d'honneur qu'Iseult
serait l'épouse de Rémond. Il pouvait donner cette parole; il savait
qu'un mot de lui à Francisque suf-
fisait pour qu'il ordonnât à sa fille
d'obéir.

Pétronille, à cette condition, consentit à rester à Mittersbach, et ne laissa plus de repos à Ulric jusqu'à ce qu'il eût rempli sa promesse.

Le moment enfin arriva. MM. de Zizermann et d'Hercourt avaient été chasser dans la forêt, et, s'étant éloignés de leurs gens, le comte qui avait assuré sa maîtresse qu'il ne rentrerait point au château, sans avoir tenu la parole qu'il lui avait donnée d'obtenir le consentement du baron, dit à celui-ci : il est temps, mon ami, que des liens indissolubles nous unissent. Ceux de l'amitié que je t'ai vouée, reprit Francisque, le sont à jamais. Ils ne suffisent pas à ma tendresse pour toi, reprit le comte. Je veux te devoir plus que tu n'as cru quelquefois m'être re-

III.                                        5

devable ; je veux tenir de toi le
bonheur de mon fils. D'Hercourt, a
ces mots, éprouva le plus extrême
embarras. Il sentait toute la grandeur de ce parti pour Iseult, et
qu'en épousant Rémond elle serait
une des plus grandes de la Souabe :
mais quel époux il allait donner à
cette chère enfant ! Comment dépo-
ser dans les mains d'un tel homme
l'autorité qu'il a eue sur elle jusqu'alors comme son père, et dont
elle n'a jamais ressenti que la
douce influence ! Comment lui-
même se résoudre à nommer son
fils un être pour lequel il a un éloignement presqu'invincible ! et n'est-
il pas à présumer que sa fille partage ce sentiment ? Il est vrai qu'il
ignore l'amour dont le cœur d'Iseult,

est prévenu; il ne sait pas que celui qu'on regarde comme le modeste fils de Damster, est l'objet
des plus chères affections d'Iseult,
et que lui ordonner d'en aimer un
autre, est vouloir sa mort.

Il suffit d'être persuadé que Rémond ne peut avoir mérité de plaire
à Iseult, pour qu'il ressente infiniment de chagrin en pensant qu'il
la contraindra à accepter sa main.
Et d'un autre côté, il ne voit pas
comment il pourrait refuser l'honneur que le comte lui fait. On ne
pouvait prétendre à une plus belle
fortune et à un rang plus distingué.
Proche parent de l'empereur, M. de
Zizermann verrait certainement ses
petils-fils occuper les plus hautes
charges de la cour, et son immense

richesse devait l'y faire tenir le plus
grand état. Comment donc refuser
pour M<sup>lle</sup> d'Hercourt d'aussi grands
avantages ! comment la fille d'un
gentilhomme , avec une fortune mé-
diocre , pourrait-elle jamais espérer
faire un semblable mariage ! et
n'était-ce pas folie de dédaigner une
pareille alliance ? D'ailleurs ne serait-il pas toujours à même, si la
jeune personne avait une répugnance
invincible, de retirer une parole qui
supposait le consentement volontaire
de celle qui y était la plus intéressée ?
D'Hercourt fit toutes ces réflexions
avec une telle rapidité, qu'il répondit presqu'aussitôt au comte qu'il
ne pouvait trouver d'expression pour
lui témoigner sa reconnaissance ;
qu'il n'avait jamais porté si loin ses

vœux pour Iseult, et qu'il avait toujours regardé comme une plaisan-
terie ce que l'on disait, lorsqu'il
avait été question de cette union,
bien au-delà de ce que pouvait prétendre sa fille, dont toute la fortune
ne ferait pas un mois des revenus
de M. de Zizermann ; mais enfin,
dit-il, quel est le père qui refuse un
aussi grand bonheur pour sa fille?
J'accepte donc, mon très-cher ami,
ce que tu me proposes, et ma fille
sera ta fille. Zizermann se jeta dans
les bras de son ami. — Qu'il m'est
doux que mon fils soit le tien! Cependant, il faut en convenir, tout
l'avantage est de notre côté, car
rien d'aimable comme Iseult, et
malheureusement mon fils est loin
'être : non que la nature lui en

ait refusé les moyens, il est beau,
bien fait, ne manque point d'esprit,
est brave; mais la violence de son
caractère; sa hauteur, son orgueil,
sont insupportables. Cependant, mon
ami, si cette charmante enfant haïssait mon fils, ce que j'ai quelquefois
redouté; je te prie en grâce de ne
pas la contraindre. Une jeune fille,
reprit en riant le baron, ne refuse
un époux que lorsqu'elle a un amant,
et on ne soupçonnera point Iseult
d'avoir un pareil tort. Ma fille, éle-
vée sous les yeux de sa mère et de
la comtesse, n'a pas adressé, depuis
qu'elle a l'âge de raison, la parole
vingt fois à un étranger; ainsi je
suis bien sûr que son cœur est parfaitement libre, à moins, toutefois,
qu'elle ne soit éprise de l'ami Men-

dorf. — Ah ! celui-là n'est pas à craindre; mais Frédéric ? — J'en avais eu quelqu'inquiétude, je l'avoue, mais je l'ai bien observé quand il est parti, et je n'ai pas surpris le plus léger trouble dans sa physionomie, au moment de son départ. Non, Iseult est un enfant dont les jouets sont remplacés par le goût de la parure, mais dont le cœur est encore endormi. Rémond l'aime, je m'en suis aperçu. — A l'adoration. — Il est, comme tu le dis, beau, jeune, plein d'ardeur. Que faut-il de plus pour monter l'imagination d'une jeune personne, et tout le monde sait que dans les femmes l'imagination tient lieu d'amour (1),

_____

(1) Ce sont des hommes qui parlent.

en joignant à ce sentiment celui de
l'honneur qui ne permet pas de manquer à ses engagemens. Je suis sûr
que ma fille sera heureuse, et se
conduira avec autant de sagesse que
de retenue. — J'en suis persuadé.
Fais part de mes intentions à la baronne, à Iseult, et rends-moi réponse le plutôt possible. — Tu peux
être assuré, mon ami, que rien ne
s'opposera à tes projets. — Ils en-
tendirent le cor, bientôt la chasse
se réunit à eux, et ils se mirent à la
tête des chasseurs.

On avait détourné un énorme
sanglier, et déjà le baron d'Hercourt
s'apprêtait à abattre le monstre qui
ravageait les terres des environs,
sans qu'on eût encore pu l'atteindre.
On devait craindre que la balle ne

glissât sur sa peau endurcie par les
années, et il était si dangereux de
le blesser sans l'abattre, que personne jusqu'alors n'avait osé l'attaquer. Mais M. d'Hercourt qui aimait
tout ce qui demandait de l'audace,
ne veut céder à personne l'avantage
de lui porter les premiers coups.
Ulric le supplie de ne pas s'exposer;
que si un père de famille, même
lorsqu'il est question de la défense
de son pays, doit s'abstenir de toute
action téméraire, à plus forte raison,
lorsqu'il s'agit d'un simple plaisir.
Il n'y a rien à craindre, reprit Francisque, et je veux qu'il tombe sous
mes coups, et que sa hure fasse un
des mets du festin le jour où nos enfans seront unis. Il n'avait pas achevé
ces mots, que le sanglier débusque

5**

à demi-portée de fusil. D'Hercourt l'aperçoit le premier. Il tire et frappe l'animal en tête ; mais le coup n'est pas assez fort pour le faire tomber, il ne fait que l'irriter, il revient contre la main qui l'a blessé, et, se roulant dans les jambes du cheval que montait Francisque, il le fait tomber, et son malheureux maître est entraîné dans sa chute. Le baron va être la victime de l'animal furieux, quand Ulric s'élance de son cheval, et, tombant sur le sanglier avec une adresse égale à son courage, il lui enfonce son couteau de chasse dans la gorge, et délivre tout-à-la-fois la contrée de celui qui l'effrayait par les dégâts qu'il causait, et son ami d'une mort aussi cruelle que certaine.

D'Hercourt eut encore toutes les peines du monde à se débarrasser de tout ce qui l'accablait ; mais dès qu'il fut libre, il se précipita dans les bras de son ami. — Ah ! qu'il m'est doux de te devoir la vie, c'est ma fille qui acquittera la dette de la reconnaissance. C'est elle qui, en comblant les vœux de Rémond, te prouvera qu'il n'est rien que je ne voulusse faire pour toi ; et ainsi le mariage de Rémond et d'Iseult fut publié avant que cette dernière en fût instruite.

Cependant on s'empresse de revenir au château ; d'Hercourt n'a point reçu de blessure, mais ses habits en désordre sont tachés du sang de l'animal qui a pensé l'entraîner dans la tombe. Il craint qu'au moment où il paraîtra à Mittersbach, Alexandrine ne soit effrayée, et ne croie qu'il a été blessé; il prend les vêtemens d'un des gardes et lui donne les siens, et on se met en route.

Cette marche avait l'air d'un triomphe; on jouait des fanfares, on portait sur un brancard le sanglier couvert de ramées, et les chasseurs recevaient le long du chemin les bénédictions des habitans, pour les avoir délivrés de celui qui, en une nuit, détruisait le travail de plusieurs mois.

Enfin on arrive. Le cortège avait été aperçu de loin, et les fanfares qui redoublaient annonçaient la joie et la gloire des chasseurs. Aussi les dames s'empressèrent de venir à leur rencontre. Dès que les amis les

aperçurent, ils mirent pied à terre,
donnèrent leurs chevaux à leurs pi-
queurs, et d'Hercourt prenant Ulric
par la main : voici, dit-il, à sa
femme et à sa fille, mon libérateur;
je lui dois la vie, et j'ai promis, ma
chère Iseult, que tu m'acquitterais
envers ce digne ami, en épousant
son fils. Mademoiselle d'Hercourt
ne put en entendre davantage, elle
tomba sans connaissance aux pieds
de son père. Rémond qui n'était
presque jamais des chasses du comte,
parce qu'il les dérangeait toujours,
avait ce jour-là chassé dans la plaine,
et son amour l'avait ramené d'assez
bonne heure auprès d'Iseult. La joie
qu'il ressentit aux premiers mots
que prononça M. d'Hercourt, se
changea bientôt en rage, quand il

vit quelle impression la pensée d'être
à lui, causait à l'objet de ses uni-
ques affections, car Rémond n'aimait qu'Iseult ; ni son père, ni la
comtesse qui le comblait de témoi-
gnages de tendresse, rien n'avait
ému cette âme farouche. L'amour
seul, en s'emparant de ses sens, lui
avait appris qu'il avait un cœur,
et, sans rien changer à sa féro-
cité naturelle, il n'avait que rendu
plus actifs ses défauts dominans.
L'impatience, la colère, l'envie, la
jalousie, aussi son excessif orgueil,
lui fit éprouver des tourmens inex-
primables, lorsqu'il vit à quel point
il était haï ; et, ne gardant aucune
mesure, il éclata en plaintes, en reproches, dont il est vrai on ne s'occupa guères.

Les dames ne cherchaient qu'à rappeler Iseult à la vie et à dérober à tout ce qui les environnait la cause de cette évanouissement. Enfin, ne pouvant parvenir à lui rendre le sentiment de ses douleurs, elles la firent transporter chez elle où son père, et celui qui allait le devenir, la suivirent. Mais Alexandrine ne permis pas à Rémond de l'accompagner, ce qui l'irrita encore, augmenta sa fureur, et lui fit jurer, avec les plus horribles blasphêmes qu'elle ne serait jamais à un autre, tant qu'il conserverait un souffle de vie. Vain et inutile serment, l'amour veillait pour que la plus charmante de ses sujettes ne tombât pas dans les rêts de celui qui, sous un nom supposé, non content d'avoir envahi l'immense héritage du véritable Zizermann, prétendait encore lui enlever sa maîtresse.

On prodigua long-temps à Iseult les secours les plus empressés ; ils furent sans succès pendant plusieurs heures ; enfin elle donna quelques signes de vie, et alors sa mère se hâta d'éloigner d'elle tous ceux qui auraient pu juger par les premiers mots qui lui échapperaient du trouble de son âme. M. de Zizermann et d'Hercourt ne furent point exceptés ; les deux cousines voulurent absolument rester seules avec la malade, dont le cœur était bien plus dangereusement attaqué que le corps. Ce que ces dames avaient imaginé arriva ; les premiers mots qui échappèrent à cette infortunée eussent tout appris à Ulric et à son ami. O ciel ! où suis-je ! Frédéric, mon cher Frédéric, sais-tu qu'on veut nous désunir ? Moi, être à Ré-mond ! Non, non, plutôt mourir. Ah ! Madame ! en parlant à sa mère qu'elle ne reconnaissait pas ; Madame, qui que vous soyez, ayez pitié de moi, du malheur dont je suis menacée. Non, Madame, ja-mais je ne pourrai aimer Rémond : mais n'êtes-vous pas sa mère ? en s'adressant à la comtesse. Oui, je crois me le rappeler ; oh ! si cela est, permettez que j'embrasse vos ge-noux, pour vous demander d'obte-nir de votre fils qu'il renonce à moi, à moi qui le déteste, qu'il fera mou-rir ! J'aime si tendrement Frédéric ; on n'aime qu'une fois, m'a-t-on dit,

c'est Frédéric que j'aime ; je hais
Rémond. Ces dames gardaient le
plus profond silence ; elles voulaient
connaître parfaitement ce que pensait la malheureuse Iseult ; ce qui
n'eût pas été, si, en lui parlant, elles
se fussent fait reconnaître.

Iseult, après avoir exhalé ses douleurs, retomba dans le même anéan-
tissement ; son père qui en était
très-inquiet, revint avec le médecin
qu'il avait envoyé chercher. Comme
à ce moment Alexandrine ne craignait pas que sa fille fît connaître
ses sentimens, elle laissa entrer. Le
docteur tâta le pouls de la malade ;
il se trouva convulsif et annonçant
une maladie grave ; cependant il
n'ordonna que quelques anthispas-
modiques, et promit de revenir le

soir. Fort peu de temps après son
départ, la malade reprit toute sa
connaissance, et avec elle le sentiment profond de sa douleur, qu'a-
lors elle renfermait dans son sein,
ne se souvenant en aucune manière
qu'elle eût trahi son secret; sa mère
et sa cousine se gardèrent bien de
lui en parler.

Cependant la fièvre se déclara,
et fut, comme l'avait dit le docteur,
très-dangereuse ; car elle n'avait
pas un moment d'intervalle, et était
toujours accompagnée de délire dans
les redoublemens.

M. de Zizerman était désolé, et
ne voyait que trop d'où provenait
un état si inquiétant; M. d'Hercourt, qui avait donné si publique-
ment sa parole, ne savait quel

moyen employer pour la retirer.
Aussi feignait-il de ne pas s'apercevoir que l'état de sa fille venait de la surprise qu'elle avait
éprouvée, en apprenant que son père
la destinait à être la compagne d'un
homme qui sûrement lui était
odieux ; il détournait toujours la
conversation, dès qu'il était question de l'effet que produisait dans
un cœur sensible le malheur d'être
contrarié dans son choix ; sujet qu'A-
lexandrine ramenait souvent pour
tâcher de pénétrer s'il y aurait quelque moyen de faire consentir Francisque à renoncer à cette fatale
union, dont elle ne prévoyait que
douleur. M^{me} de Zizermann n'avait
jamais senti plus amèrement le
chagrin d'avoir un fils si peu digne

de la touchante Iseult : souvent elle cherchait à le dissuader de l'espoir qu'il conservait toujours ; il n'y a point de doute, disait-elle à Rémond, que mademoiselle d'Hercourt vous hait ; comment pouvez-vous former le projet de la rendre malheureuse ? est-ce donc ainsi que doit agir le véritable amour ? n'est-il pas désintéressé ? ne préfère-t-il pas le bonheur de ce qu'il aime au sien propre ? n'est-il pas prêt à donner sa vie pour l'objet de ses affections ? et vous, au contraire, vous faites mourir de douleur la pauvre Iseult. — Qui vous le dit ? — Tout le prouve. C'est à l'instant même où son père lui a appris qu'il avait consenti à vos vœux, qu'elle est tombée dans le triste état où

elle est depuis près d'un mois. —
J'en suis fâché, mais j'ai reçu la
parole de M. d'Hercourt, et jamais
je ne la rendrai. Ne faudrait-il pas,
pour suivre ces principes généreux,
que non-seulement je lui rendisse
cette parole, mais que même je
cherchasse celui qui a peut - être
touché son cœur? que je l'amenasse
à ses pieds, et que j'employasse le
crédit que j'ai sur l'esprit de mon
père pour qu'il soutînt les intérêts
de mon rival? — Je ne dis pas cela.
—Et que dites-vous donc, Madame?
— Qu'à votre place, loin d'abuser
de la promesse indiscrète que vous
a faite M. d'Hercourt, je voudrais
devoir la main de celle dont la possession ferait tout mon bonheur,
non de l'autorité d'un père, mais

de la volonté de cette aimable personne. — Quant à moi, peu m'importe; elle sera à moi, voilà tout ce
que je veux. Vos subtilités, Madame, car il n'appelait presque jamais la comtesse sa mère, comme
si la nature lui eût appris qu'elle
ne l'était pas, vos subtilités, dit-il,
me sont entièrement étrangères. Je
ne comprends pas que l'on puisse
séparer la possession de la possession même. Iseult sera bien ma
femme, quand elle aura prononcé
le serment d'être à moi; qu'elle le
fasse de bon cœur ou non, cela
pourrait lui être plus ou moins dé-
sagréable; mais pour moi, ce sera
bien, je vous jure, la même chose;
et puis elle s'y accoutumera, car on
s'accoutume à tout. — Excepté, mon

fils, à voir dans celui qui doit un jour nous remplacer dans le monde, une telle rusticité, que les derniers de nos vassaux rougiraient de tenir un semblable langage. — J'en suis fâché, dit-il, sortant aussitôt et laissant celle qui se croit sa mère, dans le plus profond chagrin, qui fut bientôt augmenté par les tristes nouvelles que l'on reçut de l'armée sur le compte du baron de Buosen, dont rien ne pouvait apprendre le sort.

Pétronille ne mit pas même les dehors nécessaires pour laisser croire qu'elle avait quelqu'inquiétude de celui qui passait pour le fruit de son hymen avec Damster. Quant au comte, il fut désolé ; il aimait sincèrement Frédéric, et ne l'accusait point de la prétendue faute de sa mère. Sa bravoure, le charme attaché à sa personne, le lui rendait cher, et ce n'était pas sans chagrin qu'il l'avait éloigné de lui; et si l'orgueil lui faisait tenir au fils de Pétronille comme à l'héritier de son nom, il ne s'en disait pas moins à lui-même: J'aimerais mieux n'avoir point changé. Plus l'âme est pure, plus elle est susceptible de ressentir les impressions de la nature, que les vices étouffent; aussi la pauvre comtesse, qui aimait tendrement le baron de Buosen, éprouva une douleur extrême en pensant qu'elle ne reverrait plus ce bon jeune homme; elle fut toute occupée de la douleur qu'aurait sa chère Iseult en apprenant que celui qu'elle aimait avait

III.                      6

disparu : elle craignait qu'elle ne re-
tombât encore plus dangereusement
malade, et cependant elle ne pouvait imposer silence sur cette douloureuse nouvelle, car c'eût été apprendre le grand intérêt que mademoiselle d'Hercourt prenait au jeune
baron. Elle en parla à Alexandrine,
qui ne trouva d'autre manière de
prévenir l'effet que pourrait pro-
duire sur la pauvre Iseult ce triste
évènement, qu'en le lui apprenant
avec précaution. Mais ce fut inutilement que sa mère et son amie
employèrent tous les ménagemens
que put leur inspirer leur attachement pour cette chère enfant ; elle
parut frappée mortellement en en-
tendant dire que le baron était mort
ou prisonnier des barbares, qui

ne lui rendraient peut-être jamais la liberté. Elle prit la vie en haîne, et ne demanda plus que la mort. Mais la nature et la jeunesse trompèrent ses espérances ; et, après avoir langui plusieurs mois, elle se rétablit assez pour être forcée de reparaître dans la société. Elle n'y fut pas plutôt rendue, que son père, reprenant son projet, lui ordonna de recevoir la main de Rémond. Iseult se jeta à ses pieds, et le supplia de la laisser libre ; j'ai, disait-elle, pour M. de Zizermann une aversion que rien ne pourra vaincre ; j'ai pensé mourir à la seule idée de lui être unie. — J'en suis fâché, reprit froidement Francisque ; mais j'ai donné ma parole, et rien ne me la fera retirer : on n'est point obligé d'aimer son mari, mais de respecter les nœuds de l'hymen, et à ne jamais en aimer un autre. Il ajouta qu'il ne doutait point que sa fille se conduirait toujours d'après les exemples qu'elle avait devant les yeux ; qu'enfin c'était un parti pris, et qu'il fallait qu'elle se résignât à son sort. Alexandrine entra dans le moment où son époux s'exprimait ainsi ; elle entendit les derniers mots, et, joignant ses instances à celles de sa fille, elle ne réussit pas mieux à persuader Francisque, qui finit par leur dire, à l'une et à l'autre, qu'il était malheureux de s'être autant avancé, mais qu'il lui était impossible de revenir sur ses pas ; que d'ailleurs Iseult aurait dû se souvenir qu'il devait la vie à Ulric, et qu'il n'avait que cette seule manière de lui témoigner sa reconnaissance; j'espère, ajouta-t-il, que c'est la dernière tentative contre ce projet, qu'il faut absolument exécuter de gré ou de force , et il sortit. Iseult tomba dans les bras de sa mère en fondant en larmes. Celle-ci employa tous les moyens imaginables pour la consoler, sans pouvoir y réussir. Iseult avait dans le caractère toute la ténacité de son père ; ainsi elle ne se rebuta pas en voyant qu'elle avait aussi mal réussi, et résolut d'engager la comtesse à en parler à son mari. Elle ne doutait pas que M. de Zizermann ne fût révolté de l'idée qu'elle était entièrement sacrifiée à la vanité de son père ; et dès le soir elle chercha le moyen de parler à la bonne et sensible comtesse.

Cependant Pétronille, pour se venger d'Isidore dans la personne d'Iseult, qu'elle savait lui être chère, tenait infiniment à marier son fils avec cette infortunée, et elle voyait avec une grande contrariété que rien n'était encore décidé. Elle en parla à Mendorf, toujours fertile en expédiens. Il en trouva un qui pensa perdre Iseult en la faisant consentir à épouser Rémond. Il épia avec tant de soin le moment où mademoiselle d'Hercourt était seule, et s'approcha d'elle avec une extrême précaution : Chère Iseult, lui dit-il, vous me fuyez, et cependant ce n'est que par moi que vous pouvez avoir des nouvelles certaines.... — Des nouvelles! Ah! M. de Mendorf.... — Prenez garde,

ma chère Iseult, qu'on ne surprenne
la moindre intelligence entre nous ;
il y va de la vie de votre ami. —
Ciel ! gardez le plus profond silence.
— Je serai ce soir dans le corridor
du second ; j'y serai sans lumière.
Si on m'y trouve, je me serai trompé
d'escalier. Vous, vous jouerez si
bien l'étonnement, qu'on ne vous
croira en rien instruite de ma pré-
sence dans cet endroit de la maison
que vous traversez souvent pour aller chez la comtesse. Voilà qui est
convenu : ce soir, à sept heures.
Elle le promit, et fut tout le jour
dans une agitation qu'on ne peut
rendre. — Il a des nouvelles : il
existe donc, celui qui m'est si cher...
et je pourrais consentir à en épouser un autre ! Ah ! plutôt mourir

mille fois!... Et la pensée que son ami n'est point mort, qu'il peut revenir auprès d'elle, l'affermit encore dans celle d'obtenir de la comtesse de la défendre contre l'autorité paternelle. Elle passa donc avant l'heure du rendez-vous chez la comtesse, et, en entrant chez elle, elle se jeta aux genoux de M^{me} de Zizerman, qui s'empressa de la relever et de la faire asseoir sur un lit de repos, que souvent elle avait arrosé de ses larmes en pensant à tous les chagrins que Pétronille lui avait causés, et dont cependant elle ignorait les plus cruels.

Ma chère enfant, dit-elle à Iseult, je ne vous donnerai point la peine de me peindre toutes les inquiétudes qui vous assiègent ; je les sais toutes.

Il ne tiendra pas à moi que vous-en soyez moins accablée. Il est tout simple que vous redoutiez l'hymen avec Rémond, qui, en vous adorant, n'en est pas plus empressé pour vous plaire. Mais enfin, celui avec qui vous le comparez dans votre cœur, ou n'est plus, ou ne reviendra peut-être de dix ans dans ces climats; et quand il y reviendrait, vous ne pouvez vous flatter que M. d'Hercourt vous marie au fils d'un simple écuyer. Il faut donc, ma chère fille (car j'aime à vous donner ce nom ), arracher de votre cœur la fatale passion que vous nourrissez pour celui qui ne peut être votre époux. Mais, pour prix de ce sacrifice, je vous promets de tout employer auprès de M. de

6**

Zizermann, pour que vous ne soyez
pas contrainte à épouser l'homme
que vous haïssez. Ah! Madame,
s'écria la pauvre petite, c'est me
donner plus que la vie : je vous promets de ne point chercher à entrete-
nir dans mon cœur l'amour que m'a
inspiré Frédéric. Tout ce que je demande est de rester libre auprès de
vous et de ma mère. M. le comte
Rémond trouvera aisément un parti
bien meilleur et une femme qui sûrement le rendra plus heureux ; car
peut-on l'être avec quelqu'un qui
nous hait à la mort ? La comtesse
lui réitéra sa promesse, l'engagea à
se tranquilliser et à attendre des circonstances plus heureuses. Comme
Iseult se souvint que l'heure où elle
devait rencontrer Mendorf appro-

chait, elle quitta sa cousine, et ;
prenant par le corridor dont nous
avons parlé, elle trouva le méchant
vieillard qui l'attendait. Chère Iseult,
lui dit-il, sachez que pour votre
bonheur je trahis un secret de la
plus haute importance ; et, comme
elle l'interrompait pour avoir des
nouvelles de Frédéric : il se porte
bien, lui dit-il ; mais jamais il n'a
été dans un plus grand danger. Fait
prisonnier à la dernière affaire, le
comte Rémond, qui l'a su, a trouvé
le moyen de le racheter, et il l'a fait
conduire dans un château fort, d'où
il ne sortira jamais si vous ne vous
décidez pas à épouser le comte ; et
s'il pouvait imaginer que vous con-
servassiez l'espoir de vous unir à
Frédéric, il n'y a aucun doute qu'il

ferait terminer sa carrière. — Que
me dites-vous là ? — Ce qui n'est
que trop vrai, mais qui coûterait la
vie à votre ami, si vous parliez à
qui que ce fût de ce que je vous
confie, et que j'ai cru nécessaire de
vous faire savoir, afin que vous
vous déterminiez en conséquence.
—O mon Dieu ! que me dites-vous ?
Mais n'est-il aucun moyen de flé-
chir le comte Rémond ? — Aucun
que de l'épouser. Alors, n'ayant
plus rien à craindre de Frédéric, il
lui rendra la liberté, sans que celui-
ci sache jamais qu'il a été dans les
fers de son rival ; et vous sentez,
Iseult, à quel point il est important
qu'il l'ignore, car il chercherait à
s'en venger ; et il serait douloureux
que l'un ou l'autre perdît la vie dans

le combat qui aurait sûrement lieu.
Ainsi jurez - moi, chère Iseult, de
n'en jamais ouvrir la bouche. Elle
le jura. Il l'engagea à ne pas rester
plus long-temps, dans la crainte
d'être surpris, et la laissa ainsi en
proie à la plus douloureuse incertitude; car il ne lui vint pas même à
la pensée que Mendorf la trompait:
elle le croyait l'ami, le protecteur
de Frédéric. Elle n'avait jamais su
que c'était lui qui les avait trahis la
nuit du bal, et elle était intimement
persuadée que sa mère ne lui avait
défendu aucun rapport avec Mendorf que parce qu'elle le regardait
comme le confident du baron de
Buosen. Ainsi elle crut tout ce qu'il
lui avait dit sans s'apercevoir de
l'invraisemblance d'un pareil conte;

et, ne voyant rien qu'elle eût plus à
redouter que les maux qui frap-
paient ce qu'elle aimait, elle prit la
résolution de se sacrifier pour lui
rendre la liberté. Ainsi, pendant
que la sensible Isidore allait employer tout le crédit qu'elle avait
sur son époux pour l'engager à
rompre des nœuds mal assortis,
Iseult, toute au desir de rendre la
liberté à son amant, n'attend que la
fin de la nuit, qu'elle a passée sans
fermer l'œil, pour venir engager sa
liberté d'une manière irrévocable.
Elle alla donc aussitôt qu'il fit jour
chez son père : celui-ci la voyant entrer, pâle, tremblante, ne doute pas
qu'elle vient encore essayer de l'at-
tendrir et d'obtenir de lui qu'il reti-
rera sa parole; et peut-être que,

vaincu par l'importunité, il aurait consenti; mais quel fut son étonnement quand il entendit Iseult lui adresser ces mots, d'une voix, il est vrai, entrecoupée, mais avec la sérénité sur le front : J'ai trop long-temps, mon père, résisté à votre volonté ; je viens y soumettre la mienne : je vous déclare que j'accepte Rémond pour époux. Rien ne fut comparable à l'étonnement, à la joie du baron ; il serra sa fille contre son cœur, et lui dit qu'elle ne pouvait lui donner une preuve de tendresse qui lui fût plus précieuse ; qu'enfin il ne mourrait point sans avoir acquitté la dette de la reconnaissance. Et, comme s'il eût craint qu'elle ne rétractât cet engagement, il la quitta au même moment, en lui disant de l'attendre dans son appartement pendant qu'il irait faire part de cette généreuse résolution au comte ; et, sans perdre un instant, il se rendit chez son ami. Il y entra presqu'en même temps qu'Isidore y venait pour remplir la promesse qu'elle avait faite à Iseult d'obtenir de rompre les projets de mariage entre elle et Rémond ; elle n'avait pas encore prononcé les premiers mots, lorsque M. d'Hercourt dit, en serrant affectueusement la main du comte dans les siennes : Elle est à vous, et je viens, cher ami, fixer avec toi et la comtesse le jour du mariage. — Quoi! serait-il vrai ? reprit M. de Zizermann. — Ne vous trompez-vous pas, mon cher Francisque?

ajouta Isidore. — Non, elle est
venue d'elle-même me donner sa
parole, et elle l'a fait bien volon-
tairement ; car depuis quelques
jours, ni sa mère, ni moi, nous
ne lui en parlions plus. C'est l'ouvrage de la réflexion, et il n'est
aucun doute que l'on ne l'a contrainte en rien. Si vous voulez vous
en assurer, il ne tient qu'à vous,
Madame; car je l'ai laissée dans ma
chambre, où je lui ai dit de m'attendre. La comtesse crut à ce moment qu'un songe l'abusait; elle ne
pouvait concevoir que celle qui s'é-
tait jetée à ses pieds pour lui demander d'obtenir que son mariage
avec Rémond n'eût pas lieu, fût
venue peu d'heures après déclarer
à son père qu'elle consentait à cette

union, contre laquelle elle avait
jusqu'alors montré tant de répugnance; et, sans rendre compte à
ces messieurs de ce qui s'était
passé la veille, elle demanda à
d'Hercourt la permission d'aller
trouver seule Iseult. Je veux savoir,
dit-elle, ce qui a pu la déterminer à
accepter ce qu'elle avait jusque-là
refusé si opiniâtrement. D'Hercourt
y consentit avec plaisir, car il était
bien sûr que la résolution de sa fille
était inébranlable. M$^{me}$ de Zizermann se rendit donc sur-le-champ
auprès d'Iseult. Elle la trouva assise
contre une table, la tête appuyée
dans sa main, sur laquelle coulaient
quelques pleurs. Le bruit que fit la
comtesse en entrant la tira de sa
profonde méditation : elle leva la

tête, et l'expression de sa figure
avait quelque chose de si touchant,
de si calme, qu'Isidore crut que
c'était une intelligence céleste, et
commença à croire que d'Hercourt
ne l'avait pas trompée. — Vous
êtes surprise, Madame, dit Iseult
avec une extrême douceur, de m'a-
voir vu changer aussi promptement
d'avis, et que j'aie consenti ce matin
à ce que je redoutais si fort encore
hier au soir ; cependant personne
ne m'a contrainte ; je l'ai fait parce
que j'ai cru le devoir ; parce que je
me suis enfin convaincue que c'é-
tait le seul moyen d'assurer notre
bonheur à tous ( et d'un ton de
voix plus ému ), même celui de
Frédéric, si jamais le ciel le rend
à nos vœux ; car enfin, une fois

que je serai mariée, il ne sera plus
exilé de cette vallée, qui..... l'a vu
naître, et où..... Elle s'arrêta, et
des pleurs bordèrent de nouveau sa
paupière. Ma chère enfant, lui dit
la comtesse, je crains que vous ne
vous abusiez, et que vous ne pre-
niez pour un consentement libre
de votre raison une exaltation qui
ne durerait pas, et vous jeterait,
après votre mariage, dans une profonde douleur. — Non, non, ma
respectable amie, je ne me trompe
point : je sais bien ce que je veux;
je le veux parce que c'est bien, que
c'est mon devoir, et que l'accomplissement de ce devoir fera pendant toute ma vie mon bonheur.
Je ne me rappellerai jamais le motif qui m'aura déterminée à donner

ma main à votre fils, sans y trouver la force nécessaire pour suppor-
ter les peines qui seront peut-être
attachées à notre union. La comtesse eut beau insister, elle ne put
en apprendre davantage, et se vit
forcée de convenir, quelle que fût la
cause d'un changement si prompt,
qu'il était absolument volontaire. Il
n'y avait que Pétronille et Mendorf
qui sussent à quoi l'attribuer, et
ils se félicitaient de leur infernale
ruse; car bientôt le consentement
qu'Iseult avait donné à son mariage
avec Rémond fut public, et le jeune
comte, au comble de la joie, vint
lui témoigner d'une manière presque tendre l'excès de son bonheur.
Posséder Iseult était pour lui une
double satisfaction : elle serait à lui,

èt Frédéric ne serait pas son époux;
car, malgré la distance qui paraissait être entre Frédéric et mademoiselle d'Hercourt , il craignait
toujours que l'éclat des actions mi-
litaires de ce dernier ne le rappro-
chât d'elle ; et c'est cette pensée qui
lui avait fait éprouver une grande
joie lorsqu'il l'avait su ou mort ou
prisonnier. Au moins , disait-il ,
s'il revient lorsque je serai marié , je
ne le craindrai plus. Aussi ne perdit-
il pas un instant pour faire faire
les préparatifs pour ce grand jour.

Il devait répondre aux richesses
du comte, et surtout à la grandeur
de sa naissance. On envoya des cou-
riers à Vienne et dans toutes les
villes principales de l'Allemagne ,
pour inviter les parens des deux il-

lustres maisons. On fit venir des
ouvriers de tous côtés. Le château
et les maisons du village pouvaient
à peine contenir le nombre des personnes employées à rendre cette
fête la plus mémorable de toute
celle qu'on avait vue en Allemagne
depuis un siècle. Déjà l'élégance,
fille du goût et de la richesse, et
que les Médicis avaient amenée en
France, commençait à se faire
connaître à Vienne et à Munich ;
aussi fit-on venir de ces deux villes
tout ce que le luxe avait pu inventer
de plus recherché pour la parure
d'Iseult. M^{me} de Zizermann s'était
dépouillée de tous ses diamans pour
sa brue ; ils furent remontés suivant
la mode, et, excepté l'impératrice,
il y avait peu de grandes dames en

Allemagne qui en eût d'aussi beaux.
Pétronille voyait avec vanité se préparer cette brillante fête, et, loin
d'éprouver des remords, en se disant que, sans son crime, ce serait
l'infortuné Buosen pour qui se fe-
raient tous ces préparatifs, elle en
jouissait davantage en se disant:
c'est à moi, à mon courage, à mon
adresse, que mon fils doit le bonheur dont il va être comblé; sans
moi il n'aurait eu que l'obscurité en
partage, au lieu que je dois espérer
le voir arriver aux plus grands
honneurs.

Plus le jour qui devait unir Iseult
et le faux Rémond approchait, plus
la première trouvait pénible le sacrifice qu'elle faisait à son ami. Elle
le voyait sous tous les points de vue

capables d'effrayer la raison. Cependant sa parole est donnée, il n'est plus le temps de la retenir, encore deux jours et elle appartiendra pour jamais au fils de Pétronille. Elle désirerait de finir sa vie avant que le soleil éclairât ce fatal hymen. Sa mère qui remarquait son abattement, lui témoigna combien elle craignait qu'elle ne se fût engagée indiscrètement. — Il est encore temps, ma fille ; il vous reste une manière d'échapper à des nœuds que vous redouteriez, ce serait en vous retirant dans un couvent, et, malgré qu'il me parût cruel d'être séparé de ma fille, je le préférerais au malheur de vous voir unie à celui que vous haïriez.

Iseult, toujours frappée de la

III.                              7

pensée qu'il n'y a que son mariage qui pût rompre les fers de Frédéric, persista dans sa résolution, et assura sa mère qu'elle ne lui entendrait jamais former une plainte contre une chose qu'elle faisait de son plein gré, et M^{me} d'Hercourt n'insista pas davantage.

Cependant la nuit qui précéda ce jour redoutable, elle ne put fermer la paupière, ni concevoir où elle trouverait assez de force pour prononcer ce mot qui la séparait pour jamais du baron de Buosen ; et, sans la crainte de l'éclat qu'elle savait bien que son père ne lui pardonnerait jamais, elle eût pris le parti que sa mère lui avait conseillé peu de jours avant.

Elle vit venir avec effroi le jour

qui allait la forcer à éteindre dans son cœur l'amour qu'elle avait pour le fils d'Isidore; cela lui parut même impossible; et, voulant encore revoir les endroits du parc où ils avaient passé leurs premières années, elle n'attendit point que ses femmes entrassent chez elles, et elle descendit dans les jardins pour aller faire d'éternels adieux aux monumens élevés à un sentiment qu'elle n'avait jamais ressenti avec tant de force.

Elle se rendit d'abord à une grotte que Buosen avait tapissée de mousse, pour qu'elle pût s'y reposer pendant l'ardeur du soleil; là, elle voulait goûter quelques momens de repos, chercher à oublier son malheur, rêver, s'il lui était possible, qu'elle était près de son amant, et qu'elle

7*

lui jurait de n'être jamais qu'à lui.
Cette grotte était profonde; et, comme
elle avait servi autrefois d'habitation à un hermite, il y avait pratiqué
dans le fond une espèce d'alcove
où il mettait son lit. Le baron de
Buosen avait formé dans ce réduit,
que l'on n'apercevait pas de l'entrée de la grotte, un banc où l'on
pouvait s'étendre entièrement. Elle
s'y coucha. La fraîcheur et le mur-
mure d'une fontaine qui coulait près
de là, jointe à la fatigue d'une nuit
entièrement passée dans les larmes,
l'assoupirent. Elle avait dormi près
d'une heure; quand elle fut réveillée
par le son de voix de deux personnes qui étaient aussi entrées dans
la grotte, et qui causaient assises
sur le banc qui se trouvait à l'en-

trée , elle reconnut bientôt que c'é-
tait Pétronille et Mendorf, et elle
prêta une oreille attentive à ce qu'ils
disaient, avec d'autant plus de raison, que le nom de Frédéric avait
frappé son oreille. — Convenez , mon
cher Mendorf, que c'est une chose
bien étonnante de l'avoir amenée à
consentir à ce mariage, et vous avez
eu là une idée bien heureuse ! — Je
n'en ai jamais d'autre. Quel sera son
étonnement quand elle ne verra pas
revenir son bien-aimé ! Que de fois
elle me demandera s'il revient ! Alors
il faudra inventer quelqu'autre ruse,
pour qu'elle croie que l'on ne l'a
point trompée. — Et qu'est-ce que
cela ferait ? une fois mariée, peut-
être me donnerais-je le plaisir de le
lui dire moi-même. — Gardez-vous-

en bien, vous me compromettriez d'une manière fâcheuse. — C'est dommage, car sans cela j'aurais ri de voir le beau désespoir où elle eût été quand elle aurait su qu'elle s'était laissé abuser, et qu'il n'y avait pas un mot de vrai dans ce que vous lui aviez dit. — Je conçois que ce serait fort amusant pour vous, mais pour moi du plus grand danger. — Soyez tranquille, je me tairai, et, en disant cela, Pétronille se leva et Mendorf la suivit.

Qui peindra l'horreur de la situation de la pauvre Iseult ? elle voyait qu'elle avait été jouée par ces scélérats, qui avaient employé le mensonge pour l'attirer dans un piège d'où elle ne pouvait plus sortir. Ira-t-elle dire à ses parens le

motif qui l'avait engagée à obéir à
son père? Nommera-t-elle Mendorf
à qui sa mère lui avait absolument
défendu de parler? Dira-t-elle que
c'était par amour pour M. de Buosen,
et dans le dessein de lui rendre la
liberté , qu'elle avait consenti à
épouser le comte Rémond, mais
que, sachant qu'on l'a trompée, elle
retire sa parole, et à quel moment,
le jour du mariage? Elle ne s'en sen-
tit pas le courage, encore moins celui d'épouser un homme qu'elle dé-
testait, et à qui elle ne comprenait
pas que Pétronille prît un si grand
intérêt, mais dont elle ne pouvait
douter qu'elle et Mendorf ne fussent
les amis, et qui sûrement la rendraient fort malheureuse. Elle se
ressouvint de ce que sa mère lui

avait dit, qu'elle n'avait d'autre manière d'échapper au malheur dont
elle ne tarderait pas d'être enve-
loppée, qu'en se retirant dans un
cloître; mais, comme elle ne douta
pas non plus qu'on n'y consentirait
pas, et qu'on lui dirait, c'est trop
tard, elle prit la résolution de ne
pas rentrer au château, et de se
rendre dans une pauvre commu-
nauté des filles de Sainte-Thérèse
qui était dans la forêt, et où elle se
flatta d'arriver avant la grande chaleur du jour, croyant savoir parfaitement le chemin ; et une fois arrivée
dans cette sainte maison; elle comp-
tait écrire à sa mère, pour dissiper
l'inquiétude où son départ la plon-
gerait; et, sans réfléchir aux dangers
de cette entreprise, à la douleur de

ses parens et de la comtesse, elle se
hâta de quitter la grotte ; et, prenant
une route du parc conduisant à une
petite porte qui donnait dans la
forêt, et n'était jamais fermée que
par des verroux en dedans du parc,
elle y arriva sans être rencontrée de
personne ; tout le monde était au
château, et on n'attendait que le moment de son réveil pour lui donner
une aubade.

Elle s'enfonça donc dans la forêt,
vêtue d'une simple robe de mous-
seline, une chaussure très-mince,
quelques ducats dans sa poche, et
une bague que la comtesse lui avait
donnée le jour des accords, et qui
seule était d'un grand prix, mais de
nulle valeur au milieu d'une forêt.
Elle compte cependant, en arrivant

7**

au couvent, la remettre dans les
mains de la prieure, comme une
assurance qu'aussitôt qu'elle aurait
prononcé ses vœux, on compterait
à la maison une dotte de la valeur
de ce bijoux, et le peu d'argent
comptant qu'elle avait, servirait à
sa pension, jusqu'au moment où
elle ferait profession, ce qui devait
suffire dans un ordre où l'on mange
à peine pour vivre, ou plutôt pour
ne pas mourir.

Tout cela lui paraissait si simple,
qu'elle se voyait déjà en sûreté
contre les entreprises du comte;
mais elle n'avait pas aussi bien cal-
culé, si elle se trompait de chemin
et qu'elle ne parvînt pas au couvent,
ce qu'elle ferait, et c'est ce qui lui
arriva; car, ayant pris une route

de la forêt pour une autre , elle ne
s'aperçut qu'à la longueur du temps
qu'elle marchait , que sûrement elle
n'était pas dans le chemin du couvent , car elle ne devait pas être
plus de trois heures à y arriver.
Elle était partie à six heures du
matin de la vallée de Mittersbach ,
et elle jugeait par la hauteur du soleil qu'elle apercevait au travers une
clairière , qu'il était midi , car les
arbres ne projetaient aucune ombre ;
elle avait donc marché six heures
et n'était point arrivée. Elle s'était
égarée ; cependant, en revenant sur
ses pas , elle pouvait retrouver le
chemin ; elle ne sentait pas la fatigue
d'une aussi longue course , et elle se
flattait qu'elle pourrait arriver au mo-
nastère avant la fermeture des portes.

Cependant elle n'avait rien pris depuis la veille, et la faim et surtout la soif la dévoraient. Des fruits sauvages qu'elle ramassa la soutinrent pendant quelque temps; mais la grande chaleur de midi à trois heures qui est toujours la plus accablante de la journée, les douleurs qu'elle ressentait dans la plante des pieds que sa chaussure défendait fort mal des inégalités d'un terrain durci par la sécheresse qui régnait depuis plusieurs jours, tout concourait à l'accabler; mais ce n'était encore que le commencement de ses peines; elle était tellement absorbée dans ses douloureuses réflexions, qu'elle ne s'était pas aperçue que dans la route qu'elle avait suivie, il y avait

un carrefour parfaitement semblable à celui qu'elle avait trouvé à
l'entrée de la fôrêt, et dont une des
routes, comme elle le savait bien,
conduisait à la sainte retraite où
elle désirait d'arriver. Trompée par
les apparences, elle prend donc un
chemin qu'elle croit indubitable-
ment la conduire à son but, et qui
au contraire l'en éloignait infiniment ; et elle y marchait cependant
avec une ardeur incroyable, et s'é-
tonnait de ne point arriver, quand,
tout-à-coup la route lui sembla inter-
rompue. Elle arriva en tremblant à
l'endroit qui lui paraît découvert,
et qui effectivement se trouvait conduire à un précipice de plus de cent
pieds, au fond duquel était un étang ;
ainsi nul doute qu'elle n'est point

dans le chemin qu'elle cherche, et
que, de plus, il lui est impossible
de continuer celui où elle est, sans
s'exposer aux plus grands dangers.
Il faudrait donc encore retourner
sur ses pas ; mais elle ne s'en sent
pas la force. Excédée de fatigue et
de faim, elle tombe en pleurant sur
la terre où elle croit mourir ; cependant le sommeil s'empare de ses
sens et suspend ses douleurs et ses
inquiétudes. Il était presque nuit
quand elle fut réveillée par un coup
de fusil qu'elle entendit très-près
d'elle, et qui la rendit si tremblante
qu'elle n'avait point le courage de
se lever, soit pour s'informer qui
avait tiré cette arme, ou pour s'en-
fuir ; elle resta à la place où la fatigue
l'avait forcée de s'arrêter, et peu

d'instans après elle vit venir à elle
un chien braque, qui paraissait
chercher le gibier que son maître
avait tué. Cette vue la rassura : ce
ne pouvait être au plus qu'un braconnier, et, comme il ne pouvait la
soupçonner de lui vouloir aucun
mal, elle pensa qu'il lui rendrait
peut-être le service de la conduire
au couvent. Cependant, pour ne
point tenter la cupidité de cet
homme, elle cacha sa bague dans
son sein ; et bientôt elle vit paraître
un vieillard à cheveux blancs qui
s'arrêta à sa vue, et parut extrêmement surpris de voir une aussi belle
personne dans une partie de la forêt
si agreste, où il n'y avait que les
braconniers qui pénétrassent : Eh !
ma belle demoiselle ! dit-il, que

fâites-vous donc dans cette forêt,
où depuis vingt ans que je m'y suis
retiré, vous êtes la première femme
que j'y aie vue? Vous ne venez sûrement pas du bord de l'étang ; car,
quelque légère que vous soyez, à
qui ne connaît pas les sentiers que
j'ai pratiqués pour communiquer
entre ces deux parties de la forêt,
il est impossible d'arriver ici de ce
côté-là. — Je viens, au contraire,
de celui de la vallée de Mittersbach.
—Vous en êtes bien loin, Mademoiselle, dit-il, en cachant l'émotion
que ce nom lui fit éprouver, et si
vous êtes partie ce matin, vous avez
fait huit à dix lieues. — Cela est
possible, car je ne puis me soutenir,
tant je suis fatiguée ; mais, dites-
moi, suis-je loin du couvent des

Filles-de-Sainte-Thérèse? — Envi-
ron à sept lieues. — Ah ! ciel ! il est
impossible que j'y sois ce soir. —
Impossible; mais si mademoiselle
veut accepter mon toit pour y passer la nuit, demain elle pourra monter mon cheval, et je la conduirai
au couvent en moins de trois heures.
— Que ne vous devrai-je point, bon
vieillard; votre maison est-elle loin?
— Auprès de l'étang; mais, par le
sentier que je vais vous faire prendre, Mademoiselle, vous y serez
bientôt. Vous paraissez exténuée
de besoin autant que de fatigue;
acceptez du pain, buvez en même
temps une petite tasse d'eau de ge-
nièvre qui vous rendra les forces;
et il tira de sa carnassière un mor-
ceau de pain excellent, et une petite

tasse d'argent qu'il pria mademoiselle d'Hercourt d'essuyer avec son
écharpe, et dans laquelle il versa
d'une gourde attachée à sa gibecière
une vieille liqueur, qui rendit à
Iseult le courage. Elle mangea peu,
et, se sentant en état de faire le trajet
jusqu'à la maison de celui qu'elle
croit un braconnier, elle le prit par le
bras, et ils suivirent un sentier dont
les circuits embrassaient la mon-
tagne, et la faisait descendre par
une pente si douce, qu'il était impossible de s'apercevoir de la hauteur qu'on avait à parcourir; enfin,
en moins d'un quart-d'heure, mademoiselle d'Hercourt aperçut le
toit hospitalier, où elle allait goûter
quelque repos. Cette cabane était
la seule de la vallée qui était de tous

côtés entourée de montagnes escar-
pées, et semblait un de ces témoi-
gnages existans des grandes révo-
lutions de la nature ; il paraissait
constant que cette portion de la
forêt avait été tout-à-coup, peut-être
par l'effet de quelque tourbière (1),
engloutie dans le sein de la terre,
et avait laissé à sa place une cavité
profonde, où les eaux pluvieuses
s'étaient réunies et avaient formé
un étang. Il s'épanchait vers l'ouest
par un ruisseau, grossi dans sa
course ; il était la source d'une
assez grande rivière, qui au sortir
de la forêt portait bateau et servait
aux transports des bois ; c'est ainsi

_____

(1) Les tourbières d'Allemagne ont des
effets volcaniques.

que tout est bon dans la nature,
même le mal apparent.

Le prétendu braconnier dit qu'il
se nommait Greisman ; il ouvrit sa
chaumière, et en entrant il adressa
ces mots à Iseult : « Si j'avais un
palais, il serait à peine digne de
vous, Mademoiselle, et je n'ai qu'une
chaumière, et je vous l'offre d'aussi
bon cœur. Voici mon lit ; je vais y
mettre des draps blancs, vous y
coucherez, et je trouverai, près de
mon cheval, un repos tout aussi commode. Vous paraissez extrêmement
fatiguée. Je vais me hâter de vous
préparer à souper, vous vous coucherez ensuite, vous pourrez dormir
en paix, rien ne troublera ici votre
repos. »

Les manières nobles, le ton de

cet homme, contrastaient tellement
avec son état apparent, qu'Iseult
ne douta pas que ce ne fût quelqu'infortuné que des raisons se-
crètes avaient forcé de quitter son
pays pour s'ensevelir dans cette af-
freuse solitude. Ce rapport de son
sort avec le sien l'intéressa en sa
faveur. Elle eût bien voulu pénétrer
son secret; mais pouvait-elle mettre
moins de discrétion avec lui qu'il
n'en mettait avec elle?

Il y avait plus d'une heure qu'elle
était chez lui et il ne lui avait pas
fait la moindre question. Tout occupé de ce qui pouvait lui être agréable, il ne paraissait en aucune manière curieux de connaître celle envers laquelle il exerçait l'hospitalité
d'une manière si généreuse. Il avait,

ainsi que Baucis, fait tiédir de l'eau
pour qu'elle pût y délasser ses pieds
déchirés par la longueur du chemin
qu'elle avait fait. Il lui donna du
linge fin et très-blanc, et une essence
dont il l'engageait à se frotter les
pieds en sortant de l'eau, et qui,
en effet, lui ôta presqu'aussitôt la
douleur.

Pendant ce temps, il avait pré-
paré d'excellent gibier, des fruits
secs, du vin de Hongrie. Le souper
se trouva servi sur une table d'Ebène
luisante comme une glace, et dans
des plats de porcelaine blanche,
les couverts et les coupes d'argent.
Alors Iseult ne douta point qu'elle
ne fût chez un homme bien né, que
quelque raison avait décidé à vivre
ainsi seul dans la nature. Sa curio-

sité était augmentée ; mais il lui paraissait très - difficile de la satisfaire , car le vieillard lui inspirait
un sentiment de respect qui ne lui
permettait aucune question.

Cependant l'hôte d'Iseult, malgré sa réserve , n'avait pas moins
de désir de savoir qui était celle à
qui il était assez heureux de rendre
un aussi grand service; elle avait
prononcé le nom de Mittersbach; elle
ne lui était pas indifférente, et il se
trouverait heureux d'apprendre des
nouvelles. Aussi, lorsqu'il vit qu'I-
seult paraissait avoir calmé la faim
qui la dévorait, il lui dit : « Vous
m'avez parlé, Mademoiselle, de la
vallée de Mittersbach; pourrais-je
savoir si vous connaissez les maîtres
du château ? — Si je les connais !

Hélas ! ils me sont aussi chers que mes parens, et je ne distingue pas dans mon cœur madame de Zizermann de ma mère. — Madame de Zizermann ! reprit le vieillard avec un feu qui surprit Iseult ; est-elle toujours la plus belle, la plus vertueuse, la plus aimable des femmes? —Vous la connaissez?—Oh! par pitié, Mademoiselle, daignez répondre à mes questions et ne m'en pas faire. — Cela n'est pas très-juste, reprit mademoiselle d'Hercourt, mais enfin j'y consens; d'abord, pour satisfaire à votre première question, Madame de Zizermann est une créature céleste, dont le temps respecte la beauté et ajoute à l'admiration qu'inspirent ses vertus. — Est-elle mère? — D'un fils qui fait le

tourment de tout ce qui l'entoure ;
d'un fils, sans lui... je ne serais pas
ici !... Et le vieillard ne parut point
faire attention à cette phrase. —
Comment un couple si accompli a-
t-il pu donner le jour à un être
méchant? — C'est ce que tout le
monde dit. — Isidore a-t-elle toujours près d'elle son amie madame
la baronne d'Hercourt? —Toujours.
— Et celle-ci est-elle plus heureuse
en enfant? —Hélas ! jusqu'à ce jour,
je ne crois pas qu'elle se fût plaint
au Ciel de lui avoir donné une fille
qui ne vivait que pour lui plaire ;
mais aujourd'hui... Elle ne put en
dire davantage, et des pleurs inon-
dèrent son visage. — Ah! pardon, dit
Greismann; il paraît que j'ai frappé
des coups indiscrets. Cependant dai-

III.                              8 .

gnez encore me dire ce que devient
Pétronille ; vit-elle encore à Mittersbach ? est-elle mariée ? — Elle vit ; elle
n'a point passé à de nouvelles noces :
elle est mère d'un fils qui est le chef-
d'œuvre de la nature ; que dis-je ?
cet être, que le Ciel semble avoir
donné aux hommes pour prouver
jusqu'où ils peuvent atteindre à la
perfection, n'existe peut-être plus ;
mort ou prisonnier, sous les murs
de Belgrade, on n'en a nulle nouvelle, et il ne reste à ceux qui l'aiment qu'à languir ou à mourir loin
de lui. Greismann paraissait réfléchir profondément. — Quoi ! Pétronille a un fils ? mais à quelle époque
est-il né ? — Sept mois après la mort
de son père, un mois avant que
la comtesse donnât naissance à Ré-

mond. Ah! si vous saviez, Monsieur, car Iseult avait changé de ton avec son hôte, voyant bien que ce n'était pas, comme elle l'avait pensé, un braconnier, ah! si vous saviez combien il est aimable, Frédéric! Le comte et la comtesse l'aiment bien plus que Rémond, qui en était extrêmement jaloux. M. de Zizermann a obtenu de l'empereur qu'il fût fait baron du S. - Empire; il lui a donné la terre de Buosen et une grosse pension, et l'a envoyé à la guerre, parce que Pétronille l'a voulu. Il a fait des actions d'éclat. Mais nous ne le verrons plus, et elle se remit à pleurer. — Tranquillisez-vous, Mademoiselle, il arrive dans le monde tant de choses extraordinaires! Demain je répondrai à l'extrême complaisance que vous avez eue pour moi ce soir ; mais il est tard, vous êtes fatiguée, couchez-vous ; demain je ferai tout ce qui pourra vous être agréable. Il alluma une lampe, laissa son chien dans la chambre d'Iseult, pour l'avertir s'il y avait le moindre danger, engagea cette belle personne à dormir sans inquiétude, et l'assura seulement qu'elle était chez un homme aussi dévoué à la maison de Zizermann qu'elle pouvait l'être, et aussi ennemi de Pétronille qu'elle, et il ajouta : Sa méchanceté ne peut être comparée qu'à celle de Mendorf, dont enfin j'espère que le Ciel a délivré la société. — Eh ! mon Dieu ! non, Monsieur, il vit, et sans lui je ne serais pas ce soir ici.

Les discours du vieillard avaient
jeté Iseult dans un grand étonnement. Quel pouvait être celui qui
connaissait aussi parfaitement les
personnes qui composaient la société
de Mittersbach ? Elle avait beau re-
passer dans son esprit ceux qu'elle
y avait vus, aucun ne lui paraissait avoir le moindre rapport avec
lui. Inutilement elle eût voulu dé-
couvrir qui il était; elle ne le put;
et, certaine que le lendemain il l'en
instruirait, elle se livra au sommeil dont elle avait un si grand
besoin, après la fatigue qu'elle avait
éprouvée. Elle ne connaissait point
Greismann ; mais cependant elle
était sans crainte dans sa maison;
et, après avoir caressé Médor qui
semblait lui dire : ne craignez rien,

mon maître et moi nous vous défen-
drons, elle se coucha, et s'endormit
comme au jour les plus tranquilles
de sa vie.

Dès que le soleil pénétra dans sa
cabane, dont les fenêtres regar-
daient le levant, Iseult se leva et
ouvrit sa porte à Médor qui s'en-
nuyait de ne point voir son maître.
Elle se trouva néanmoins plus fatiguée encore que la veille, et elle se
serait volontiers remise dans son
lit; mais elle voulait apprendre ce
qui avait trait à son hôte, et elle
craignait d'en retarder l'instant. Elle
l'attendit donc à moitié couchée sur
une espèce de canapé que Greismann avait pratiqué dans sa chambre, où il s'étendait lorsqu'il revenait
de la chasse; ce canapé n'était autre

chose qu'un banc de tissu de jonc, couvert de la peau d'un ours qu'il avait tué. Ayant vu Médor sortir de la maison, il pensa bien que la jeune personne qui avait passé la nuit était levée. Il frappa donc doucement à la porte ; et Iseult l'ayant prié d'entrer, il la salua avec respect, prit une chaise, et, s'étant assis près d'elle, il la contemplait avec admiration ; depuis Isidore, dit-il, je n'ai rien vu qu'on pût lui comparer. — Vous seule, Mademoiselle, rappelez sa physionomie si noble et si gracieuse, cette taille divine. Ah ! je croyais que qui avait vu Isidore ne pouvait jamais rien trouver de semblable, mais vous me prouvez le contraire, Mademoiselle, et même, soit illusion ou réalité, je trouve

que vous lui ressemblez. — On me
l'a déjà dit, Monsieur, et cela ne
serait pas étonnant, nous sommes
assez proche parente. — Ah ! je ne
me suis donc pas trompé ; vous
êtes mademoiselle d'Hercourt. —
Hélas ! oui, Monsieur, et je vais
faire le malheur de mes parens. —
Eh ! comment cela est-il possible,
avec un extérieur qui annonce tant
de bonnes qualités aimables, et
faites pour rendre heureux tout ce
qui vous entoure? — Hélas ! Monsieur, si vous voulez me prêter un
moment d'attention, vous allez être
instruit de tout ce qui m'a plongé
dans l'infortune où je suis réduite, ce
qui doit accabler ma mère et la comtesse de la plus profonde affliction.
— Je vous écouterai, Mademoiselle,

avec le plus grand intérêt. Mais,
comme j'ai l'habitude de déjeuner
presqu'en me levant, permettez que
j'aille chercher de quoi faire ce repas avec vous, et il apporta une
corbeille pleine des plus beaux fruits
de la saison, et un petit flacon de
vin de Tokei. Mademoiselle d'Hercourt accepta volontiers des mets
qui étaient infiniment de son goût,
et pendant le déjeuner elle raconta
dans le plus grand détail ses amours
avec Frédéric, et les tourmens que
celui de Rémond lui causait. Ce
n'est pas qu'il ne soit beau, ajou-
tait-elle, mais sa figure est comme
celle de madame Pétronille, fausse
et méchante ; son esprit est sans
culture, parce qu'il a prétendu qu'a-
vec le nom de Zizermann et une

fortune immense, comme la sienne, on n'avait pas besoin de pâlir sur les livres pour parvenir. Autant Frédéric est bon, généreux, affable, autant Rémond est méchant, avare, et de l'abord le plus repoussant, et voilà l'époux qu'il fallait que j'acceptasse, m'avait dit Mendorf que vous connaissez si bien, et qui m'a fait tant de mal, pour rendre la liberté à mon cher Frédéric, et comme je vous l'ai dit, Monsieur, j'allais être la victime de ma crédulité, si celui qui veille sur nos destinées ne m'eût point fait lire dans le cœur de ces scélérats. Mais dans quel embarras ne me suis-je pas plongée pour éviter de m'unir à cet homme que je hais, d'autant plus que Mendorf et Pétronille se sont

déclarés ses amis! Voilà, Monsieur,
la cruelle position ou les méchans
m'ont réduite, et d'où je ne puis
sortir qu'en m'enfermant vivante
dans un tombeau; mais oublions
mes malheurs, et apprenez-moi les
vôtres.

Mes malheurs, pour ne parler
que de ce qui vous intéresse, et qui
je crois, Mademoiselle, à plus de
rapport à ce qui vous touche que
vous ne l'imaginez; mais dites-moi,
avant tout, je vous prie, qu'est
devenu le vieux Mutter. — Il a pré-
cédé de peu de temps dans la tombe
son respectable maître, M. le comte
de Zizermann. Je n'ai connu ni l'un
ni l'autre; ils étaient morts quand
je suis née; mais on m'a toujours
dit qu'au moment où le comte mou-

rut , il arriva un fait singulier ;
dans le désordre que cet évènement
causa ; car le comte, comme vous
savez, était extrêmement aimé de
tout ce qui l'entourait. La nourrice
du fils de la comtesse avait disparu , et laissa l'enfant, qui avait au
plus un mois, dans son berceau ;
ses cris attirèrent sa mère , qui
l'emporta dans sa chambre et le
nourrit de son lait. — La nourrice
n'est point revenue ? — On n'en a
jamais entendu parler depuis. —
Et savez-vous ce que faisait Pétronille à cet instant ? — Et elle lui
raconta qu'elle avait entendu dire
bien des fois à sa mère, que madame Damster, au lieu de rester à
Mittersbach pour consoler Ulric,
profondément affligé de la mort de

son père, partit aussi sans en prévenir personne, emmenant son fils
qu'elle nourrisait, à Buosen, où
elle lui choisit une nourrice, et l'y
laissa; c'est ce même Frédéric dont
je vous parlais. — Peut-être doit-il
à n'avoir pas bu du lait de cette
femme, les bonnes qualités que
vous dites, Mademoiselle, qu'il
possède. Mais je suis étonné que
l'on n'ait pas fait plus d'attention
au concours de ces deux circonstances. — Éh! quel rapport vouliez-
vous, Monsieur, que l'on trouvât
entre l'un et l'autre? — Quel rapport! n'importe, je m'expliquerai
quand il en sera temps, et je vous
rendrai peut-être, Mademoiselle,
un plus grand service que celui de
vous avoir offert pour une nuit ce

modeste asile ! Eh quoi ! Monsieur, reprit Iseult, qui ne saisissait pas la pensée du vieillard, que peuvent sur ma destinée des faits qui se sont passés bien avant ma naissance? — Ma chère Iseult, pardonnez ce mot au tendre intérêt que je prends à vous; ne voyez-vous donc point que Pétronille a pu être capable... ? Oh ! oui, elle en est capable, c'est la femme la plus audacieuse qu'il soit possible de connaître. — Mais expliquez-vous, Monsieur; de quoi madame Damster est-elle capable? — Mon Dieu, je vous le dirai; mais il n'en est pas encore temps. Il faut avant, que vous sachiez enfin qui je suis, et comment il se fait que j'aie une si grande connaissance de tout ce qui

s'est passé dans la vallée de Mit-
tersbarch, avant que vous fussiez
venue embellir le monde , avant que
l'infortuné Frédéric fût en butte à la
méchanceté de Pétronille ; et il commença en ces termes :

*Fin du troisième volume.*

www.ingramcontent.com/pod-product-compliance
Lightning Source LLC
Chambersburg PA
CBHW070406090426
42733CB00009B/1560